Le Livre de Poche Jeunesse

Marie et Bronia

Le pacte des sœurs

Natacha Henry

Natacha Henry est une essayiste, historienne et journaliste franco-britannique. Elle s'est inspirée de sa biographie *Les Sœurs Savantes* (Librairie Vuibert), primée en 2016, pour écrire *Marie et Bronia, le pacte des sœurs*, son premier roman pour adolescent.

NATACHA HENRY

MARIE ET BRONIA

LE PACTE DES SŒURS

Remerciements à Emma-Jane Bent,
Stephen Clarke et Fabrice Colin.

Chapitre 1
Varsovie, 1860-1878

Tout au long du XIXe siècle, une grande partie de la Pologne fut occupée par l'armée russe. Sur une carte du monde, ce pays avait tout simplement été effacé : rattachée à l'empire du tsar, la Pologne n'existait plus. Et pour casser toute tentative de révolte, les soldats russes arpentaient les rues, d'un air féroce. Ils vérifiaient que les habitants ne parlaient pas le polonais, leur langue natale, mais le russe, et qu'ils n'étaient pas occupés à fomenter on ne sait quel complot pour conquérir leur indépendance. L'ambiance était terrible, surtout à Varsovie, la capitale. Les habitants se tenaient tranquilles pour ne pas s'attirer d'ennuis, dans une atmosphère de plomb. Mais en secret, ils regardaient vers l'avenir. Et quand les occupants russes n'écoutaient pas aux portes, les Polonais entonnaient des chansons traditionnelles qui parlaient de la Vistule, le fleuve majestueux qui traverse la Pologne, ou des loups qui hantent les forêts. Et bien entendu, ils tombaient amoureux.

Wladyslaw et Bronislawa étaient deux jeunes enseignants de Varsovie. Lorsqu'ils unirent leurs vies, en 1860, lui avait vingt-sept ans, et elle vingt-cinq. Sitôt mariés, ils s'installèrent dans un quartier paisible du centre-ville de Varsovie. Ils logeaient rue Freta, une voie étroite et sinueuse, dont les immeubles peints en jaune et beige ne s'élevaient pas très haut, ce qui leur permettait de profiter d'une belle lumière. Aux premières lueurs de l'aube, les paysannes empruntaient cette ruelle car elle menait au marché où, installées devant leur étal, elles vendraient bientôt leurs poules, leurs navets et leurs choux verts, rangeant leurs sous dans les grandes poches de leur tablier. En entendant leur bavardage monter de la rue, Bronislawa et Wladyslaw, bien au chaud sous leurs couvertures, comprenaient que le jour allait se lever ; alors, ils se levaient eux aussi.

Bronislawa dirigeait une école de jeunes filles, située dans l'immeuble même où ils habitaient ; leur appartement, au deuxième étage, était un privilège attaché à la fonction. Chaque matin, elle et son époux prenaient ensemble leur thé, et engloutissaient une épaisse tartine de fromage avant d'aller travailler. Bronislawa nouait l'écharpe de son mari et lui tendait son cartable de cuir. Puis, tandis qu'elle s'arrêtait au premier étage, Wladyslaw partait pour le lycée de garçons, où il enseignait les sciences physiques.

Après leur journée de cours, qu'il pleuve ou qu'il vente, le couple partait se promener au bord de la Vistule. En hiver, ils trottinaient le long de la rive, serrés l'un contre l'autre, emmitouflés dans leur manteau. Ils contemplaient l'eau gelée scintillant de mille reflets, les joncs teintés de bleu, le givre sur les branches des arbres, les nuances argentées annonçant Noël. La neige crissait sous leurs souliers et, bien vite, le bas de la longue robe de Bronislawa se trouvait tout trempé.

L'été, assis l'un près de l'autre dans les herbes sauvages, ils regardaient voler les oiseaux migrateurs au-dessus des roseaux.

De retour à l'appartement, Bronislawa s'installait au piano pour jouer du Chopin, tandis que Wladyslaw, confortablement assis dans un fauteuil aux accoudoirs ornés de napperons, lisait le journal. Ainsi va la douceur des gens qui s'aiment.

Deux ans après leur mariage, Bronislawa s'aperçut qu'elle était enceinte. Un soir de 1862, après avoir soigneusement effacé la craie sur les tableaux noirs et rangé les salles de classe, elle rentra chez elle, se blottit tendrement contre son époux et lui murmura à l'oreille qu'ils allaient devenir parents. Wladyslaw la serra contre lui, pétrifié par la joie. Les mots lui manquaient.

Quelques mois plus tard, le même Wladyslaw, paniqué, accourut chez la matrone, une sage-femme qui habitait tout près de chez eux :

– Vite, dit-il, tout essoufflé, je vous en prie, ma femme est prise de contractions !

La matrone lui emboîta aussitôt le pas. Allongée dans son lit, Bronislawa transpirait à grosses gouttes. Son époux, lui, tournait en rond dans le salon. En proie à mille émotions, il était anxieux à l'idée qu'un problème survienne, et épaté que, à quelques mètres de lui, son enfant fût en train de venir au monde. Au bout d'un moment qui lui parut une éternité, il réalisa qu'il n'entendait plus les cris de douleur de sa femme. Les pleurs d'un nouveau-né les avaient remplacés. Bouleversé, il se précipita dans la chambre. La sage-femme protestait :

– Monsieur Sklodowski, attendez donc, laissez-moi ranger !

Mais Wladyslaw ne l'écoutait pas. Il entra et s'assit au bord du lit le plus doucement possible, pour ne pas déranger sa femme et le nouveau-né qui serrait ses petits poings, les yeux fermés.

– C'est une fille, murmura Bronislawa, qui tenait délicatement le bébé contre son sein. Une petite fille.

– *Kochanie*[1]... lui dit Wladyslaw en posant un long baiser sur son front.

---

1. *Kochanie* : ma chérie.

Ils l'appelèrent Zosia.

Ils ne le savaient pas encore, mais il leur viendrait quatre autres enfants – cinq naissances en cinq ans.

Après Zosia arriva Josef en 1863, puis Bronia, en 1865. Hela naquit en 1866, et Marie en 1867. Désormais, Wladyslaw connaissait la procédure : dès que Bronislawa perdait les eaux, il filait chercher la sage-femme, puis se retranchait dans le salon où il se rongeait les ongles.

À chaque cri de sa femme, il sursautait, le cœur prêt à exploser. Mais, toujours, il finissait par entendre les premiers gazouillis du bébé. Alors, seulement, la matrone l'autorisait à pénétrer dans la chambre. Il s'élançait au chevet de Bronislawa et lui caressait le front avec une infinie douceur :

– *Kochanie*...

Puis, benoîtement, il souriait au nourrisson. « J'ai de la chance, se disait-il. J'ai tellement de chance. »

***

Des premiers pas aux premiers mots, les cinq enfants grandirent et devinrent très proches les uns des autres. Le soir, les enfants débarrassaient la table et jouaient aux cubes ou aux devinettes. Bronia, qui aimait beaucoup l'école, décida d'enseigner l'alphabet à ses jeunes sœurs. Avec Hela, qui préférait le piano de sa mère aux livres scolaires, elle n'eut point de succès. Mais Marie adorait apprendre. Bronia lui montra comment tracer des lettres avec une plume, afin de former des mots. En même temps, elle lui apprit à lire.

Marie, cependant, n'avait que quatre ans lorsque sa mère contracta la tuberculose. On était en 1871. Partout en Europe, des millions de gens mouraient de cette maladie. Hélas ! il n'existait ni vaccin, ni médicament efficace. Les médecins n'avaient alors qu'une certitude : la tuberculose était aussi contagieuse que la peste. C'est pourquoi l'entourage des malades devait, pour ne pas l'attraper à son tour, se montrer extrêmement prudent. C'est ce qu'expliqua à Wladyslaw le médecin venu examiner sa femme : la famille fut contrainte de prendre des mesures drastiques sans tarder.

– Vous utiliserez deux vaisselles distinctes, annonça le docteur en refermant sa sacoche. L'une pour votre épouse et l'autre pour le reste de la famille. Vous ferez de même avec le linge de maison, les draps, les taies d'oreiller et les serviettes de toilette. Évidemment, vous devrez aussi faire chambre à part.

– Je comprends, murmura Wladyslaw en baissant la tête.

– Le seul remède contre la tuberculose, précisa le médecin en enfilant son pardessus, consiste en un isolement total.

– Que voulez-vous dire ?

– Empêchez les enfants de s'approcher de leur mère. C'est un fait : ils sont plus vulnérables que les adultes.

– Docteur, avança Wladyslaw, mon épouse a pour habitude de leur lire une histoire le soir...

– Malheureux ! s'écria le médecin. Vous n'y pensez pas ! Si elle est prise d'une quinte de toux, le moindre postillon, et l'enfant tombera malade à son tour.

– Elle aime les regarder s'endormir, tous les cinq... poursuivit Wladyslaw, qui voyait disparaître sous ses yeux des images qu'il avait crues éternelles. Le matin, elle tresse les cheveux de nos filles qui n'y arrivent pas encore toutes seules.

– Entendez-moi bien, professeur Sklodowski, les petits n'auraient quasiment aucune chance de survivre à la tuberculose. C'est pourquoi votre épouse ne doit plus non plus les embrasser.

– Mais alors, fit Wladyslaw, la gorge nouée, toute notre vie va changer ?

Au fond de son lit, Bronislawa savait qu'elle était gravement malade. Un jour, espérait-elle, elle respirerait de nouveau la douceur d'un enfant, guiderait sa main pour lui apprendre à écrire, partagerait les chamailleries du repas familial. Mais pas encore. Pas dans l'état où elle se trouvait. Évidemment, elle avait arrêté d'enseigner.

Les cinq enfants étaient priés de ne pas faire de bruit et de cesser de galoper à travers tout l'appartement. Anéantie, Bronislawa s'était résignée à sacrifier sa tendresse à leur santé. Jamais elle ne sortait de sa chambre. Si elle voulait guérir, il lui fallait un calme complet.

Comme tous les tuberculeux, elle était épuisée. Les poumons en feu, elle toussait en permanence, crachait du sang, et elle s'affaiblissait de façon dramatique.

Au bout de quelques semaines, Wladyslaw comprit qu'elle ne reprendrait pas son poste de directrice d'école. La famille fut alors contrainte de déménager, de quitter l'appartement de la rue Freta où Zosia, Josef, Bronia, Hela et Marie avaient vu le jour. Naturellement, le logement de fonction devait aller à la dame qui remplacerait Bronislawa.

***

Wladyslaw trouva un nouvel appartement, près du lycée où il enseignait. Ses quatre fillettes fréquentant la même école primaire, elles partaient ensemble le matin et rentraient ensemble lorsque la cloche sonnait la fin des cours. En chemin, elles déposaient puis venaient chercher leur frère Josef devant l'école de garçons.

Un soir, une fois les enfants couchés, Wladyslaw s'installa à la table de la cuisine pour faire ses comptes.

Dans un cahier, il traça deux colonnes, l'une pour les dépenses du foyer, l'autre pour son salaire. Du temps où Bronislawa travaillait, ils n'avaient jamais roulé sur l'or, mais ils avaient mené une vie décente, achetant de la viande deux fois par semaine. Faire ressemeler leurs souliers, par exemple, était sans conséquences sur leur budget. Cependant, Wladyslaw voyait bien que désormais son seul salaire ne suffirait pas à couvrir les frais à venir.

Ayant terminé ses calculs, il mit sa tête entre les mains et resta ainsi plusieurs minutes. La situation était difficile. Bronislawa devrait bientôt effectuer une cure médicalisée dans un sanatorium en Autriche afin de remplir ses poumons du bon air pur de la montagne. Cela coûtait très cher. Or il n'était pas question, pour Wladyslaw, de retirer ses enfants de l'école pour qu'ils gagnent leur vie, comme tant d'autres bambins démunis. Que deviendraient-ils alors ? Vendeurs de journaux à la criée ? Cireurs de chaussures dans le quartier des banques et des ministères ? Non, se répéta Wladyslaw, Josef ne serait pas l'un de ces gamins des rues qui gagnent un sou en aidant un cocher à manœuvrer dans une rue encombrée, en livrant un message à quelqu'un, ou en faisant le pied de grue devant une boutique pour dissuader les chenapans de venir chaparder des bricoles. Et ses filles ne se loueraient pas à la blanchisseuse pour porter des paniers de linge à travers

Varsovie, pas plus qu'elles ne vendraient des bouquets de violettes, assises sur un tabouret le long du trottoir. Le plus important, se dit Wladyslaw, était de ne pas interrompre leur scolarité. Il devait donc trouver un moyen de faire rentrer plus d'argent dans les caisses de la famille.

Alors lui vint une idée. L'appartement n'était-il pas assez vaste pour sous-louer une chambre à des étudiants ? Si ses quatre filles partageaient une chambre, de la place serait libérée, et la chose deviendrait possible. Le prix serait modique, car l'endroit n'était guère luxueux, mais enfin, ce complément serait le bienvenu.

C'est ainsi que, chez les Sklodowski, vinrent s'installer de pauvres pensionnaires à l'hygiène douteuse. Certains, même, étaient couverts de puces et de poux. À cause de ces insectes, porteurs de maladies diverses, la famille se vit, après la tuberculose de Bronislawa, frappée par un deuxième malheur. Piquées par l'une de ces bestioles, Zosia, qui avait treize ans, et Bronia, qui en avait onze, contractèrent le typhus. Les deux jeunes filles étaient à l'agonie. Elles souffraient de terribles fièvres, de migraines à se taper la tête contre les murs, de puissantes nausées. Wladyslaw, qui veillait déjà sur son épouse depuis cinq ans, remua ciel et terre pour les sauver. Il envoyait quérir le médecin à toute heure, leur faisait boire des tisanes de raifort sauvage, ouvrait les fenêtres en grand pour faire circuler l'air dans la chambre. L'état de Bronia se stabilisa ; mais Zosia, elle, allait de plus en plus mal. Bientôt, ses propos cessèrent de faire sens, et ses vomissements noirs devinrent alarmants.

– Je ne peux plus rien ! soupira le docteur, venu une dernière fois examiner l'adolescente. Je suis désolé.

Après deux mois d'atroces souffrances, Zosia s'éteignit. Hirsute, les yeux injectés de sang, Wladyslaw poussa la porte de la chambre de Bronislawa pour lui annoncer que leur fille aînée n'était plus. Dans un grand râle, Bronislawa s'évanouit de douleur. Le médecin accourut de nouveau pour lui faire respirer des sels. Hébétée, Bronia, encore malade, gardait les yeux rivés sur la dépouille de Zosia, étendue, les bras croisés sur le cœur. Autour de sa couche, Josef, Hela et Marie n'arrêtaient pas de pleurer.

Comme un pantin, Wladyslaw organisa l'enterrement de sa fille. Il commanda aux pompes funèbres un poème à faire graver sur la pierre tombale :

« Seuls, ici, nous sommes et te pleurons
Toi, notre consolation, notre fierté, notre joyau ;
Et nous vivons dans l'immense espoir
De te revoir un jour au Royaume des cieux. »

Le jour des funérailles de Zosia, Bronislawa la tuberculeuse glissa lentement ses jambes hors du lit et posa les pieds par terre. Blanche comme un linge, elle appuya ses deux poings sur le matelas et, toute tremblante, parvint à se lever. Une violente quinte de toux l'obligea à se rasseoir, puis elle s'efforça de reprendre son souffle et se remit vaillamment debout. À petits pas, pliée en deux dans sa longue chemise de nuit, elle se retenait aux parois du mur, parcourant à pas menus l'interminable chemin qui séparait sa chambre du salon.

– Maman, murmura Bronia en la voyant avancer ainsi dans le couloir, tu dois rester au lit.

Mais Bronislawa ne l'écoutait pas. Son mouchoir plaqué sur sa bouche, elle se dirigea jusqu'à la fenêtre du salon. Le moment de l'ultime au revoir était arrivé, et elle voulait voir passer dans la rue le convoi accompagnant Zosia à sa dernière demeure. Derrière le cercueil porté par un fiacre, Wladyslaw avançait, accompagné de Josef, Hela et Marie, tous vêtus de petits manteaux noirs. Bronislawa était trop faible. Sentant ses jambes fléchir, elle s'effondra sur le fauteuil en tissu damassé.

De retour du cimetière, sa famille la trouva inerte, vide de mots et de larmes. Wladyslaw la reconduisit à sa chambre. La soutenant par la taille, il s'aperçut qu'elle ne pesait plus rien.

***

À la mort de Zosia, Bronia avait donc onze ans. Peu à peu, elle reprit des forces et, héroïquement, parvint à vaincre le typhus. Une fois guérie, elle endossa immédiatement le rôle de l'aînée. Sa mère étant confinée dans sa chambre, et son père travaillant pour subvenir aux besoins de la famille, c'est tout naturellement à elle qu'incombait la charge domestique. Wladyslaw lui montra comment tenir le livre de comptes, avec la colonne de gauche pour les dépenses et celle de droite pour les recettes, à savoir son salaire et les loyers payés par les sous-locataires. Chaque matin, Bronia se levait avant ses sœurs Hela et Marie, et son frère Josef, pour seconder son père et préparer les repas.

– Bronia, ma chérie, lui demandait par exemple ce dernier, reste-t-il des pommes de terre pour ce soir ?

– Un demi-kilo environ. Nous avons aussi trois oignons. Avec de la viande, j'aurais pu faire un ragoût…

– File au marché et prends la viande la moins chère, pourquoi pas des pieds de porc ? Tu feras bien attention quand la marchande te rendra la monnaie.

Wladyslaw dépensait toutes ses économies pour sauver sa femme. C'est ainsi que Bronislawa partit plusieurs mois en cure sur la Côte d'Azur. Mais la tuberculose était plus coriace que les médecins. Bientôt, Bronislawa fut de retour, plus maigre que jamais, respirant toujours difficilement. Peu à peu, la vie la quittait.

Un soir, le visage couvert de larmes, Wladyslaw prit ses enfants par la main pour qu'ils viennent dire adieu à la mourante. Sa femme tant aimée reposait dans son lit, blanche comme un linge, les joues creuses et les cheveux épars, si mince qu'elle en devenait transparente. Péniblement, elle entrouvrit les yeux et chercha sa famille du regard. Levant sa main avec peine, elle leur fit signe d'approcher encore. Doucement, elle tourna la tête pour regarder ses enfants chéris et leur père, le bon Wladyslaw.

D'une voix à peine audible, elle murmura : « Je vous aime. »

– Maman ! s'écria Marie.

Mais c'était fini. Leur maman était morte.

Chapitre 2
Varsovie, 1878-1882

À la mort de sa femme, Wladyslaw se retrouva seul, avec quatre enfants à élever. Josef, Bronia, Hela et Marie avaient respectivement quatorze, treize, douze et onze ans. Il était malheureux, mais refusait de se laisser abattre. Il décida de leur donner la meilleure éducation possible. N'était-ce pas ce que leur mère aurait voulu ? Convaincu que leur instruction était essentielle, il y consacrait des soirées entières et tous ses dimanches :

– Ce que vous avez dans la tête, martelait-il, c'est une richesse que jamais personne ne pourra vous enlever, pas même les Russes. On peut vous voler beaucoup de choses : votre porte-monnaie, votre manteau, et même votre maison. Mais ce que vous savez, ce que vous avez appris, c'est à vous pour toujours.

Comme tous les Polonais de son cercle, il tenait à ce que ses enfants parlent le français. La France et la Pologne étaient alors deux pays amis, et de nombreux

Polonais s'étaient exilés en France lorsque la pression exercée par les Russes était devenue insupportable. Pour Wladyslaw, la devise française – « Liberté, Égalité, Fraternité » – représentait un idéal universel. Et puis on ne sait jamais... Un jour viendrait peut-être où ses propres enfants devraient partir là-bas. Leur enseigner la langue n'avait rien de fortuit.

Cependant, Wladyslaw tenait aussi à ce qu'ils apprennent les sciences. N'était-il pas lui-même professeur de sciences physiques et de mathématiques ? De toutes les matières enseignées à l'école, estimait-il, c'étaient les plus importantes. La science n'avait rien d'une fantaisie ; elle se fondait sur des tests, des expériences. C'était simple : tout ce que l'on savait avait été prouvé par des chercheurs. La voie du progrès était désormais ouverte – des nouvelles techniques, des avancées industrielles. Il restait tant à découvrir avant que commence le XXe siècle !

Si Hela n'avait pas le goût des sciences, Josef, Bronia et Marie, eux, en étaient férus. Ils rêvaient de contribuer à un monde d'innovations où les malades, petits et grands, guériraient à coup sûr, où les nourrissons ne seraient plus exposés au moindre microbe et où, pourquoi pas, l'on irait un jour sur la Lune, comme dans un roman de Jules Verne. Imaginer tout ce qu'ils pourraient explorer avec un microscope, un compas ou une pipette les emplissait d'exaltation. « Ce serait incroyable de faire de nouvelles découvertes en chimie », songeait Marie. « J'aimerais tellement devenir médecin ! » s'exclamaient Bronia et Josef.

– N'oubliez jamais, disait Wladyslaw, que vous devez contribuer à l'amélioration de la société. Vous n'avez qu'une seule vie, ne la gaspillez pas. Vous devez trouver votre chemin, et devenir quelqu'un.

Et en matière d'ambition ou d'intelligence, il faut le souligner, Wladyslaw ne faisait aucune différence entre filles et garçons. Cette position était plutôt audacieuse pour l'époque. Les écoles n'étaient pas mixtes, et beaucoup de gens estimaient que la place d'une femme était à la maison. Les rôles, dans leur esprit, étaient bien séparés entre les hommes, qui lisaient les informations et parlaient politique, et les femmes, qui s'occupaient de toutes les tâches ménagères, même quand elles exerçaient un métier à l'extérieur.

Dans le milieu éclairé de Wladyslaw, toutefois, l'égalité entre les filles et les garçons était une priorité absolue : les filles devaient compter sur leur intelligence, tout comme leurs frères. L'idée de voir Bronia, Hela ou Marie se fourvoyer en futilités pour finir par se soumettre au bon vouloir d'un mari insipide lui était insupportable.

Il avait constaté qu'elles étaient tout aussi brillantes que leur frère Josef. Il allait donc les encourager sur le chemin de la connaissance. Non seulement cela leur donnerait davantage de chances de trouver un emploi intéressant, mais en plus, il se plaisait à penser que ses enfants participeraient peut-être un jour au rayonnement de la Pologne, voire à son indépendance.

C'est ainsi qu'en grandissant avec un père favorable à l'égalité des sexes, à l'éducation de tous les enfants et à la culture générale, les enfants de Wladyslaw acquirent un trésor : la confiance en soi. Le plus beau cadeau que l'on puisse espérer.

***

Sociables, avides d'apprendre, Bronia et Marie adoraient le lycée. Chaque matin, elles enfilaient l'uniforme obligatoire : robe bleu marine et tablier. Leurs cheveux étaient tressés en deux nattes qui tombaient sur leurs épaules, avec la raie au milieu.

Que ce soit dans la classe de Bronia ou dans celle de Hela et de Marie, qui avait un an d'avance, la discipline était sévère. Les professeures exigeaient que l'on entre deux par deux, sans précipitation. Après quoi les élèves devaient se tenir debout près de leur chaise, jusqu'à ce que l'ordre de s'asseoir leur soit donné. Il n'était pas question de parler à moins d'être interrogée, de se lever sans raison, de ramasser un objet quelconque sous son pupitre ou de glisser un secret, même urgent, à sa voisine.

Les jeunes filles respectaient l'autorité. La professeure principale de Marie et de Hela était particulièrement stricte. Ce qu'elle voulait, c'était vingt-cinq regards fixés sur le tableau, des visages calmes et attentifs.

– Je ne ferai pas cours dans le désordre, disait-elle quand ses élèves se montraient dissipées. Rendez-vous compte de la chance que vous avez. À la campagne, à la montagne, les élèves parcourent des kilomètres pour atteindre leur école. Ils mettent une heure, deux parfois pour y arriver ! Chaque matin et chaque soir ! Quand les routes sont coupées à cause de la neige, quand des arbres sont tombés sur la chaussée à cause d'un orage, vous imaginez-vous combien c'est compliqué ? Alors que vous, vous n'avez que quelques dizaines de mètres à parcourir. Profitez-en !

Si elle insistait ainsi, ce n'était pas seulement parce qu'elle voulait les convaincre qu'elles étaient privilégiées d'avoir ainsi accès à l'éducation. C'était également parce qu'elle voulait leur respect, en tant que professeure bien sûr, mais aussi en tant que personne qui prenait des risques pour elles. Tout comme les professeures de Bronia, en effet, celles de Marie et de Hela faisaient cours en polonais, ce qui était strictement interdit par les occupants russes. Les adolescentes étaient prévenues :

– Si l'inspecteur vient nous contrôler, vous ne prononcerez pas un mot en polonais ! Vous devrez toutes parler le russe. Il doit absolument croire que nous respectons leurs lois.

Professeures et élèves craignaient cet inspecteur, un effroyable personnage qui débarquait au lycée à l'improviste. Heureusement, comme il activait la cloche de l'établissement sous le porche pour que le concierge lui ouvre, son arrivée n'était guère discrète. L'enseignante avait tout prévu : au début de l'année, elle avait désigné trois lycéennes chargées de ramasser tous les ouvrages polonais. Au son de la cloche, les jeunes filles s'empressaient donc de cacher la pile de livres sous l'escalier, et regagnaient leur place à toute vitesse. L'inspecteur poussait alors la porte de la classe sans se douter un instant que, cinq minutes plus tôt, les tables avaient été couvertes d'ouvrages illicites. Les deux mains posées sur leur manuel en russe, les élèves attendaient sagement. Le rituel était parfaitement au point.

L'inspecteur entrait majestueusement, vêtu d'un uniforme militaire couvert de galons. Aussi imposant qu'un ogre, il arpentait la pièce, et le plancher craquait sous ses lourdes bottes de cuir. Puis, les mains croisées dans le dos, il se figeait devant le tableau noir, et faisait entendre sa voix caverneuse :

– Mademoiselle, permettez-moi de questionner une élève.

– Bien sûr, monsieur l'inspecteur.

– Voyons, voyons... Laquelle vais-je choisir...

Saisies par la peur, les élèves claquaient des dents. Pour ne pas être interrogée, chacune essayait de se faire toute petite sur sa chaise. Marie, elle, jouait nerveusement avec ses tresses.

– Voyons, voyons... Tiens, toi !

Marie se leva. La voyait-il trembler ? La professeure la dévisageait avec des yeux ronds comme des soucoupes.

– Quel est ton nom, ma petite ? lui demanda l'inspecteur.

– Marie Sklodowska, répondit Marie, avec une splendide intonation russe.

– Peux-tu me dire comment s'appellent les souverains qui dirigent la Russie ?

– Les tsars, monsieur l'inspecteur.

– Très bien. Peux-tu réciter leurs noms ?

Ses camarades retinrent leur souffle et sa sœur Hela sentit ses orteils se recroqueviller dans ses bottines. Si Marie échouait, l'inspecteur comprendrait que leur professeure ne leur parlait pas suffisamment de la Russie. Cela signifierait qu'elle était contre les Russes. Sans doute la pauvre femme aurait de graves ennuis. La police russe l'enverrait en prison ou au bagne. La classe entière, en cet instant, comptait sur Marie. Tout reposait sur elle. Elle toussota et, la peur au ventre, se lança :

– Catherine II...

– Plus fort ! exigea l'inspecteur. Plus fort ! Catherine II, oui, et ensuite ?

– Paul Ier, Alexandre Ier, Nicolas Ier, Alexandre II.

L'inspecteur se frottait les mains. Il esquissa même un sourire à l'adresse de l'enseignante, laquelle manqua défaillir tant elle était impressionnée par son élève. Toutefois, le supplice de Marie n'était pas terminé.

– Maintenant, ma petite, comment appelle-t-on notre tsar Alexandre II ?

– Le tsar, murmura une élève audacieuse.

Quelques-unes étouffèrent un rire.

– Silence ! Silence ! cria l'inspecteur. Pas d'insolence avec moi ou vous allez voir de quel bois je me chauffe ! Comment s'adresse-t-on au tsar ? Toi, dit-il en désignant une autre fille.

– Je ne sais pas, fit la malheureuse en tremblant de la tête aux pieds.

L'inspecteur grogna comme un ours.

– Marie, s'il te plaît, répond à monsieur l'inspecteur, intervint la professeure.

– On l'appelle Son Altesse impériale, répondit Marie aussitôt.

– Félicitations ! tonna l'inspecteur, ravi. Une élève exemplaire ! Prenez-en de la graine !

Ce n'est que lorsqu'il fut parti, absolument satisfait, et convaincu que cet établissement était acquis à la cause russe, que les lycéennes recommencèrent à respirer. Le soulagement était intense ; la professeure ne contrôlait plus rien. Les adolescentes eurent tôt fait d'inventer une chanson en polonais :

« L'inspecteur de Russie,
Il aime bien Marie,
Il s'est bien fait avoir
Quand elle lui a parlé du tsar ! »

Chapitre 3
Varsovie, 1882-1885

Enfin vint l'examen censé couronner les années de lycée : le baccalauréat, ouvert aux filles comme aux garçons. Après Josef, Bronia obtint ce diplôme en juin 1882, suivie de Hela et de Marie, en juin 1883. Les résultats de Bronia et de Marie se montrèrent si exceptionnels qu'elles reçurent une médaille d'or.

Wladyslaw était très fier de leur réussite. Il aurait été le plus comblé des hommes si Bronia et Marie avaient pu aller à l'université. Malheureusement, c'était impossible : une loi russe interdisait aux filles de suivre des études supérieures. Ses aînés ayant déjà trouvé leur voie – Josef était inscrit en médecine, Hela apprenait le solfège et le chant –, leur père estima que Bronia et Marie pouvaient devenir institutrices : la profession ne nécessitait pas de diplômes universitaires proprement dits. De plus, ayant eu deux parents professeurs, elles avaient des facilités pour l'enseignement. Depuis son bac, Bronia donnait des cours particuliers à de jeunes élèves. Elle avait diffusé une petite annonce dans le quartier : « Leçons d'arithmétique, de géométrie, de français, par jeune fille diplômée. Tarif : un demi-rouble de l'heure ».

En attendant de destiner ses filles à une véritable carrière d'institutrices, Wladyslaw se faisait du souci pour Marie. Pâle et maigrichonne, elle semblait parfois si fragile qu'on pouvait craindre qu'une bourrasque de vent ne l'emporte. Depuis la mort de sa mère, Marie peinait à retrouver sa joie de vivre. Wladyslaw décida alors que, pour reprendre des forces, elle passerait une partie de l'hiver chez des cousins, à la campagne.

– Il ne s'agit pas seulement de vacances, prit-il bien soin de préciser. J'ai demandé à ton cousin Josef Boguski de te donner des cours afin que tu n'oublies pas ce que tu as appris au lycée. Il est étudiant en chimie.

– Je ne veux pas partir sans Bronia ! protesta Marie, qui n'avait jamais été séparée de sa grande sœur.

– J'irais volontiers avec elle, renchérit Bronia.

– Je préfère que tu restes ici, répondit son père sur un ton de regret. Nous attendons de nouveaux locataires, et il faut les accueillir. Hela est trop occupée avec ses leçons de musique.

– Entendu ! soupira Bronia. Mais je voudrais du papier à lettres, de l'encre et des timbres pour écrire à Marie quand elle sera loin.

– Bien sûr, approuva Wladyslaw. Je te dois bien ça.

Plus que jamais, il comptait sur Bronia. Ne portait-elle pas toute la maison sur ses épaules ? Elle rangeait les chambres, reprisait les draps, prévoyait les repas pour les locataires… et tenait les cordons de la bourse. Et, malgré tout, elle trouvait encore le temps de donner ses cours particuliers pour gagner un peu d'argent. Vraiment, il ne s'en sortirait pas sans elle.

En outre, il voyait bien que Bronia – contrairement à Marie – n'avait nullement besoin de prendre l'air à la campagne. Toujours forte, digne et impassible, elle traversait la vie sans jamais se plaindre. Pour un peu, on aurait dit qu'elle ne ressentait rien, qu'elle était dénuée d'émotions. Qu'on se souciât d'elle l'embarrassait. Cent fois, elle préférait s'occuper des autres. Après l'enterrement de sa mère, elle avait filé dans la cuisine préparer du thé pour tout le monde. C'était une force de la nature. Elle avait aujourd'hui dix-huit ans…

– Écris-moi le plus souvent possible, demanda Bronia à Marie le matin de son départ. Je veux que tu me racontes tout. Absolument tout, c'est promis ?

– Promis !

– Prends tes chaussettes épaisses, ajouta la grande sœur avec bienveillance, ta grosse écharpe, ton manteau de laine. Et surtout, tu fermeras bien ton col, afin que l'air glacé ne frappe pas ta gorge. Il fait plus froid à la campagne qu'ici en ville, tu sais.

– D'accord, fit Marie, qui n'avait pas pensé à tous ces détails.

***

La jeune fille était partie depuis plus d'une semaine lorsque, à Varsovie, le facteur sortit une lettre de sa besace. Bronia l'ouvrit fébrilement. « À quoi s'occupe Marie ? se demandait-elle. Comment va-t-elle ? Se plaît-elle au moins, là-bas ? » Même si Marie séjournait chez des membres de leur famille, elle ne s'était jamais retrouvée ainsi loin des siens, dans un environnement étranger. Elle avait quitté Varsovie épuisée, et Bronia espérait de tout cœur que ses premiers jours à la campagne s'étaient bien passés.

Ah, ça ! Bronia se rendit vite compte qu'elle avait eu tort de s'inquiéter ! Marie s'amusait énormément. Déjà, semblait-il, elle avait oublié les épreuves du baccalauréat, l'appartement étroit, la routine familiale. La campagne était devenue son royaume : « *Je fais mille activités*, racontait-elle à Bronia. *Batailles de boules de neige, patin à glace sur le lac gelé, et même de l'équitation, ce qui me plaît beaucoup. Notre cousin Josef Boguski a choisi pour moi la jument la plus patiente. Parfois, je m'énerve car elle se penche pour manger de l'herbe alors que je voudrais qu'elle galope. Tu serais contente ici, toi qui aimes les champs et les forêts. Hier soir, nous avons fait une course de traîneaux dans la neige. Les virages étaient si raides que je me suis bien accrochée pour ne pas passer par-dessus bord. J'ai dû fermer les yeux tellement le givre était piquant»*, écrivait-elle.

Dans sa deuxième lettre, la semaine suivante, elle expliqua à sa sœur que le village fêtait le carnaval de Mardi gras et qu'elle s'était habillée d'une jupe longue et d'une chemise aux manches bouffantes, telle une paysanne polonaise, des rubans de couleur tombant de sa couronne de tresses. «*Je me suis improvisée coiffeuse, et j'ai coiffé toutes les filles de la maison,* disait-elle dans sa lettre. *Un bal a été organisé dans une grange, où les violonistes ont enchaîné des mazurkas endiablées. Plusieurs garçons m'ont invitée à danser. Si j'avais le malheur de sortir de la grange pour reprendre haleine, mes cavaliers se postaient dans l'embrasure de la porte afin de me guetter et de m'attendre.*»

À Varsovie, Bronia relisait le courrier de Marie sans se lasser. Elle n'en revenait pas : la lycéenne studieuse et discrète qu'elle connaissait avait laissé place à une jeune fille complètement frivole. Pas une ligne sur d'éventuelles lectures ou autres leçons de sciences avec leur cousin Josef Boguski. Désormais, c'était en en matière de loisirs et de fêtes que Marie méritait une médaille d'or.

– As-tu reçu des nouvelles de ta sœur ? demandait son père.

– Oui.

– Que fait-elle ? Raconte ! Révise-t-elle sa chimie avec Josef ?

Lui qui voulait que Marie se repose, s'il savait qu'elle dansait jusqu'à l'aube, découvrant du même coup l'art de la grasse matinée !

– Ce qu'elle fait ? hésita Bronia qui ne voulait pas trahir sa sœur. Du sport. Beaucoup de sport. Du patin à glace et du cheval.

– Tant mieux, se félicita Wladyslaw. Je suis heureux qu'elle mène une vie saine. Si elle se dépense au grand air et qu'elle se couche tôt, elle nous reviendra en pleine forme.

– Ces vacances lui font le plus grand bien, acquiesça Bronia.

Ce qui n'était pas un mensonge.

***

Marie regagna Varsovie au début du printemps 1884. On n'avait pas l'habitude, dans sa famille, de montrer ses sentiments. Ce jour-là, pourtant, il s'en fallut de peu que les deux sœurs fondissent en larmes, tant elles étaient heureuses de se retrouver.

Wladyslaw en avait eu assez de louer des chambres à des étudiants. Ces jeunes gens qui entraient et sortaient sans cesse, les portes qui claquaient, les courants d'air… C'était trop épuisant. Surtout, il voyait bien que Bronia était toujours occupée avec les courses, les chambres et le ménage. Il ne pouvait pas lui demander de sacrifier sa jeunesse à des tâches domestiques ; elle méritait un meilleur avenir.

Il avait donc déniché, pour sa famille, un appartement plus petit, sans sous-locataires. Comme Hela logeait temporairement chez une tante pianiste et que Josef occupait une chambre près de la faculté de médecine, Wladyslaw pouvait se permettre une surface plus réduite et, par conséquent, un loyer plus bas.

Bronia et Marie recommencèrent à donner des cours particuliers – « C'est bien, songeait leur père, elles vont gagner un peu d'argent en aidant des lycéennes qui préparent le baccalauréat. » Mais combien de temps se contenteraient-elles de cette existence ? Était-ce là la vie dont il avait rêvé pour ses deux filles si intelligentes ? Bronia et Marie, bien sûr, auraient dû se lancer dans des études supérieures. Seulement, cette fichue loi russe leur barrait le chemin de l'université. Et elles avaient le plus grand mal à en comprendre le bien-fondé.

– Pour les Russes, tenta de leur expliquer Wladyslaw, la place d'une femme est à la maison, pas dans un bureau ou un laboratoire. Ce n'est cependant pas une raison pour cesser d'apprendre. Vous pouvez approfondir vos connaissances par vous-mêmes.

– Les filles ont bien les mêmes capacités que les garçons ! s'exclama Bronia.

– On dirait que les Russes veulent que les garçons soient plus instruits que les filles, constata Marie. À quoi cela sert-il de ne pas éduquer tout le monde de la même façon ?

– Justement, annonça Bronia, une amie m'a parlé de cours universitaires clandestins. Nous devrions nous inscrire. Ils sont ouverts aux femmes.

– Clandestins ? reprit son père. Je veux bien que vous essayiez, mais si c'est trop dangereux, si vous risquez de vous faire repérer par les Russes, vous arrêterez immédiatement.

Bronia et Marie n'étaient pas les seules à rejeter l'idée insensée que les filles ne méritaient pas les mêmes chances que leurs frères. C'était aussi ce que pensait Jadwiga Dawidowa, la courageuse jeune femme qui avait mis en place cette Université volante – ainsi baptisée parce que les cours ne se donnaient jamais deux fois au même endroit. L'information se transmettait grâce au bouche-à-oreille, dans la rue ou au marché. Le tout avec une prudence extrême.

Jadwiga Dawidowa avait su convaincre les meilleurs enseignants de l'université de Varsovie de donner de leur temps à ses élèves, à raison de huit à dix heures hebdomadaires. Au péril de leur vie, ils se faufilaient dans les rues obscures, frappaient trois coups brefs à l'adresse qui avait été fixée, et se glissaient à l'intérieur pour apprendre aux bachelières l'enseignement, la biologie ou encore les sciences sociales. C'était terriblement dangereux : les autorités russes, ayant eu vent de rumeurs à propos d'une université clandestine, envoyaient partout des espions et des soldats pour la débusquer.

***

Enthousiastes, Bronia et Marie figuraient parmi les toutes premières élèves inscrites à l'Université volante. C'était l'automne 1884. Marie avait dix-sept ans et Bronia, dix-neuf. Chaque soir, Wladyslaw attendait leur retour dans l'angoisse, craignant que leurs activités illégales n'aient été découvertes et qu'elles n'aient été arrêtées par les soldats russes. Chaque fois, il poussait un grand soupir de soulagement en les voyant arriver.

Il était ravi de savoir que Marie adorait les cours de chimie, même s'il s'agissait uniquement de théorie, et jamais de pratique. L'espace n'était pas adapté aux expériences. Les pièces étaient mal éclairées, des chaises et quelques tables étaient rassemblées à la hâte : rien qui évoquât un laboratoire. Les élèves écoutaient attentivement, sans avoir accès au moindre tube à essai, à la moindre pipette.

Elles notaient ce qu'expliquait le professeur, à savoir que les éléments chimiques étaient rangés dans un ordre précis, grâce au tableau périodique des éléments. L'or, l'argent ou le plomb étaient connus depuis l'Antiquité. Mais il en restait à découvrir, c'était certain. Par exemple, sur le tableau, on avait récemment ajouté le germanium, ainsi nommé parce que son découvreur était allemand, c'est-à-dire germanique. « Si un chimiste polonais découvrait un nouvel élément, dirait-on que c'est du polonium ? » se demanda Marie.

Dès la fin des cours, Bronia et Marie rentraient à la maison, impatientes de raconter à leur père ce qu'elles avaient appris :

– Sais-tu que le mari de la directrice est psychologue pour enfants ? annonça Bronia un soir.

– Pour enfants ? s'étonna Wladyslaw. Je ne savais même pas que ça existait.

– C'est nouveau, s'enthousiasma Bronia. Il passe par les enfants pour comprendre la société.

– Quelle idée ! lâcha Wladyslaw.

Décidément, le progrès scientifique était en train de prendre des directions auxquelles il n'aurait jamais pensé.

– Écoute un peu ça : pour faire une enquête, il a posé les mêmes questions à cinq cents enfants.

– Cinq cents ? Mais c'est énorme !

– Je te donne des exemples. Il leur a demandé : « As-tu déjà vu un coucher de soleil ? Un troupeau de moutons dans un pré ? Une poule avec ses poussins ? Des grappes de raisin sur une vigne ? As-tu déjà pris un train ? Un bateau ? Es-tu déjà entré dans une usine ? »

– À quoi peuvent bien servir des questions pareilles ? demanda Wladyslaw, dubitatif.

– D'après ses conclusions, poursuivit Bronia, les connaissances des enfants sont déterminées par ce qu'on leur montre et par ce qu'on leur apprend. Qu'ils soient garçons ou filles n'a aucune influence sur leurs réponses.

– Je l'ai toujours dit ! se félicita Wladyslaw, soulagé.

***

Un soir, Wladyslaw, qui attendait Marie et Bronia, ne les vit pas rentrer. Une heure passa, puis deux. Posté à la fenêtre, il se tordait le cou afin de pouvoir les voir dès qu'elles auraient tourné au coin de la rue. Jamais il n'avait été aussi inquiet. La nuit était tombée quand elles apparurent enfin, avec plus de trois heures de retard.

– Vous voilà donc ! Mais où étiez-vous ? tonna-t-il. Je me suis fait un sang d'encre !

Sans un mot, Marie se défit de son manteau trempé. L'orage qui s'était abattu sur Varsovie ne les avait pas épargnées, elle et sa sœur. Assise sur une chaise, Marie peinait à défaire les lacets de ses bottines :

– Tu m'aides, Bronia ?

À genoux devant Marie, Bronia tira de toutes ses forces sur la première chaussure, puis sur la seconde, avant de secouer ses mains bleuies par le froid.

– Vous m'entendez ? s'énervait Wladyslaw. J'attends une explication. S'est-il passé quelque chose à l'Université volante ?

– Oui, admit Marie d'une voix fluette.

– J'en étais sûr ! lâcha son père en levant les yeux au ciel.

– Le cours se déroulait dans une cave, expliqua Bronia en accrochant son manteau sur la patère. Mais les soldats faisaient les cent pas devant l'immeuble.

– Nous pouvions les voir par le soupirail, poursuivit Marie. Surtout leurs bottes, leurs grosses godasses, qui s'écrasaient sur le trottoir. Aller, retour, aller, retour. Une deux, une deux !

Le cœur de Wladyslaw grondait comme le tonnerre au-dehors. Vacillant, il posa sa main sur le buffet. Les Russes !

– Nous avons dû attendre dans le noir jusqu'à ce que la patrouille s'éloigne, reprit Marie. Voilà pourquoi nous n'arrivons que maintenant. Nous étions coincées dans la cave.

– Vous êtes des petites inconscientes, siffla leur père, tremblant. Si les Russes vous découvrent, vous serez envoyées en prison ou au bagne. Vous deux, et toutes vos camarades !

– Ne t'inquiète pas, répondit Marie. Si ça s'appelle l'Université volante, c'est pour une bonne raison. La directrice prend toutes les précautions nécessaires.

– Jusqu'au jour où ça ne suffira pas, grommela Wladyslaw. Vous saisissez ? Ce soir, l'armée russe défilait devant la porte !

– Pas toute l'armée, corrigea Marie.

– Il suffit d'un seul soldat pour vous arrêter.

Bronia et Marie ne répondirent pas. Leur père avait raison, et elles le savaient. Les Russes ne plaisantaient pas, à Varsovie. Ailleurs en Pologne, dans les régions du pays administrées par les Autrichiens et les Prussiens, la situation était nettement plus clémente.

Et cependant, il était impossible pour les deux sœurs de renoncer à ces cours. Même Bronia, la plus raisonnable des deux, entendait continuer quoi qu'il en coûte. En secret, elle avait pris une décision : si les soldats débarquaient un jour en classe, elle ferait tout pour attirer leur attention. Elle lancerait une brosse contre une vitre, elle renverserait des tables, elle fracasserait des chaises contre le tableau noir. Tel était son plan. Ainsi, les soldats se jetteraient sur elle pour la clouer au sol, et elle se laisserait arrêter. Alors personne ne prendrait garde à sa sœur, qui pourrait s'enfuir.

– L'Université volante nous plaît beaucoup, annonça Marie. Même si c'est un peu dangereux.

– Un peu dangereux ? s'écria leur père, qui s'épongeait le front avec son mouchoir à carreaux. Vous, au fond d'une cave, et les soldats qui guettent dehors !

– Bon, le coupa Bronia, ce n'est pas tout ça, mais j'ai faim.

– Moi aussi, approuva Marie. Allons dîner.

La famille prit place autour de la table de la cuisine. Allègrement, les filles piochaient dans le chou au lard, un *bigos*, que Bronia avait préparé plus tôt dans la journée. Leur père restait silencieux. Fort ennuyé, il caressait sa barbe grisonnante : « Elles sont tenaces, ces deux-là. Têtues comme des mules. Toujours d'accord entre elles, en plus. Même l'armée russe ne leur fait pas peur. Que dois-je faire ? Les empêcher d'aller à ces cours clandestins ? » Wladyslaw Sklodowski se trouvait face à un dilemme et mille questions se bousculaient dans sa tête. Il leva les yeux vers Bronia et Marie, qui mangeaient de bon cœur. Allait-il briser leur rêve ?

– Il est drôlement bon, ton *bigos*, se délectait Marie en léchant sa cuillère. Tu as mis plus de viande que d'habitude, non ?

– J'ai déniché du porc pas trop cher au marché.

– Je peux en reprendre ?

– Je me demande ce que dirait votre mère, murmura tout à coup Wladyslaw.

C'était dans ces moments compliqués que Bronislawa lui manquait le plus. Parfois, son absence pesait une tonne.

– Sur le prix de la viande ? demanda ingénument Marie.

– Non ! Sur cette folie qui consiste à participer à des cours interdits par la loi !

– Maman voulait qu'on fasse des études, dit Bronia. J'en suis sûre.

Elle avait raison. Résigné, Wladyslaw baissa la tête.

– C'est vrai. C'est vrai. Ah, vous pouvez continuer. Mais promettez-moi d'être prudentes.

L'Université volante dura de 1883 à 1905. Au cours de cette période, trois mille jeunes filles s'y inscrivirent.

***

Lors de l'été 1885, Wladyslaw décida d'envoyer Marie à la campagne chez Moniuska et Louis-Eugène de Fleury, un couple d'amis érudits. Ils vivaient dans une propriété sublime avec des écuries, au bord d'une rivière. Enfant, Moniuska avait fréquenté l'école de la rue Freta et en avait gardé une admiration sans borne pour la mère de Marie et Bronia, qu'elle avait eue comme institutrice. Son époux, le comte de Fleury, était un archéologue français. Il avait notamment exhumé des objets en silex, des poteries et des ossements de la période néolithique. Wladyslaw adorait sa devise : « Travaillons, on ne se lasse jamais du plaisir de comprendre. »

– Quand tu seras chez les Fleury, conseilla-t-il à Marie, essaie de lire le plus possible. Leur bibliothèque doit crouler sous les bons livres.

– Prends aussi du bon temps, ajouta Bronia. Profite de la nature.

Marie n'était pas arrivée depuis deux heures au domaine des Fleury que, déjà, elle canotait sur l'étang avec des jeunes de son âge. Le lendemain, elle pêchait des tritons dans la mare et s'allongeait dans l'herbe sous les saules en mangeant des violettes sauvages. C'était la belle vie.

Fascinée par le couple que formaient Moniuska et son époux, elle les observait sans relâche, dans l'espoir de comprendre le secret de leur joli mariage, vieux déjà de treize ans. Ils avaient en commun, constatait-elle, un goût prononcé pour les fêtes, et aimaient réunir de joyeux convives. Dans les deux mois à venir, ils allaient donner pas moins de trois bals, ce qui permettrait à Marie de danser jusque tard le soir. Cependant, ils n'étaient pas unis que par les mondanités. Marie les avait entendus parler d'un article de la *Revue archéologique*, de vases gallo-romains, de la découverte d'une sépulture antique... Chacun écoutait patiemment l'autre, avançait des arguments, proposait de nouvelles réflexions. La jeune fille était captivée par ce duo, elle qui ne gardait aucun souvenir de ses parents ensemble. À peine si elle revoyait son père au chevet de sa mère, un mouchoir sur la bouche pour se protéger de la tuberculose, les cheveux en bataille et les joues creusées. Sûrement, ils s'entendaient bien avant que la mort ne vienne tout détruire, mais jamais Marie n'avait eu la chance de les voir converser de cette façon. La maladie occupait tout l'espace.

Avec Moniuska et Louis-Eugène, elle réalisait que le secret d'un couple heureux réside autant dans la tendresse que dans l'égalité. Pour leur anniversaire de mariage, émue, elle décida de leur écrire un poème. Elle entreprit même de le lire à voix haute devant les nombreux amis présents :

« Pour le jour de la Saint-Louis
Nous espérons donc un pique-nique
Invitez-nous des garçons
Un garçon pour chacune de nous
Afin qu'imitant votre exemple
Nous gravissions le plus tôt possible
Les marches de l'autel. »

Marie voulait, elle aussi, rencontrer un jour son prince charmant. Ses critères étaient stricts. Il faudrait qu'il aime la nature, les sciences, et qu'il respecte ses idées et ses choix.

Chapitre 4
Varsovie, 1885

Depuis sa plus tendre enfance, Bronia rêvait de devenir médecin. À vingt ans, elle n'avait pas renoncé. Voir inscrit : « Docteure Bronia Sklodowska » sur une plaque, tel était son dessein le plus cher. Sur la tombe de sa mère, elle s'était juré de sauver des vies, autant de vies que possible. Prendre sa revanche sur la mort. Elle voulait que d'autres familles soient épargnées du malheur qui, avec le typhus et la tuberculose, avait frappé la sienne. Elle était bien consciente que, pour trouver de nouveaux remèdes, approfondir la recherche médicale était indispensable. Les sciences naturelles de l'Université volante avaient confirmé son goût pour la biologie. La médecine progressait, et Bronia voulait contribuer à cette grande marche en avant.

– Je sais que je ferais une très bonne médecin, dit-elle un soir à Marie, tandis qu'elles bavardaient dans la cuisine après le dîner. C'est la vocation qui compte, n'est-ce pas ? Je n'arrive pas à penser à autre chose. Les cours particuliers, les cours clandestins… Tout ça, c'est du bricolage, et j'en ai assez de me cacher pour apprendre. Je vais tambouriner à la porte de l'université de Varsovie jusqu'à ce qu'ils m'ouvrent et qu'ils m'acceptent en médecine, comme Josef.

– C'est mal parti, lui répondit Marie, assise sur le banc de bois.

– Je suis sûre que les femmes préféreraient être soignées par une femme que par certains de ces messieurs, reprit Bronia. Le gouvernement ne peut-il pas ouvrir les yeux ? Il faut des femmes médecins ! Il est temps !

– Te souviens-tu, hasarda Marie qui n'aimait pas voir sa sœur ainsi frustrée, que nous avions envisagé d'enseigner dans une école primaire ? Hela m'a annoncé qu'elle allait choisir cette voie. Nous pourrions chercher du travail avec elle.

– À cause d'une loi absurde, reprit Bronia sans même relever ce que venait de dire Marie, je serais obligée de renoncer à ce que je désire le plus au monde ? J'ai des capacités, j'ai une volonté de fer, et je n'ai pas le droit d'aller à l'université parce que c'est ce qu'ils ont décidé ? « Mademoiselle ? dit-elle en imitant la voix de l'inspecteur russe qui les terrifiait quand elles étaient lycéennes. Vous êtes une fille ? Dommage, si vous étiez un garçon, on vous aurait pris à l'université. Pas de chance. Retournez à vos fourneaux. Du balai ! Circulez ! Dégagez ! Pas de filles chez nous ! »

– C'est affreux, reconnut Marie, c'est vraiment affreux, surtout que Josef a eu le droit d'y aller, lui.

– J'irais bien lui dire deux mots, au tsar, avec ses horribles lois ! s'exclama Bronia en brandissant une passoire.

– Arrête de crier, chuchota Marie. Papa s'est sans doute déjà endormi.

– Ce tsar… Que dirait-il si sa fille voulait tout à coup entreprendre des études, hein ? La renverrait-il dans sa chambre ?

– Elle doit être très belle, sa chambre.

– J'étouffe. Cette situation m'étouffe, reprit Bronia en serrant les dents. Qu'est-ce que je peux faire ? Hurler assez fort pour que le tsar m'entende ? Entreprendre une grève de la faim ?

– Tu les connais : ils te nourriraient de force. Avec des patates bouillies dans de l'eau marron.

– M'enchaîner aux grilles du ministère ?

– Ah ! Les soldats t'arrêteraient tout de suite.

– Quoi alors ? Quoi ?

Bronia fondit en larmes. Marie se redressa aussitôt. Elle ne se rappelait pas avoir jamais vu sa sœur pleurer. Elle en voulait au tsar, elle aussi. Suffoquant, hoquetant, Bronia attrapa un torchon pour calmer ses sanglots.

– Les monstres… Je te jure…

Marie essaya de la dérider :

– Tu n'as qu'à te déguiser en garçon ! Tu leur dis que tu t'appelles Wojtek, et tu te présentes aux inscriptions. Évidemment, il faudra te couper les cheveux et cacher tes seins…

– N'importe quoi.

– Ou bien tu trouves une école de médecine qui t'accepte.

– Qu'est-ce que tu racontes ?

– Tu n'as qu'à aller à Paris, lâcha Marie. La Sorbonne est ouverte aux filles. Je le sais parce qu'une amie de Jadwiga Dawidowa, la directrice de l'Université volante, y est depuis deux ans.

– Paris ? En France ?

– Bah oui en France, pas en Chine ! Tu parles le français. Tu n'as qu'à y aller.

– Tu as perdu la tête, Marie.

« On voit bien qu'elle ne comprend rien aux finances, songeait Bronia. Ne sait-elle pas que le salaire de notre père suffit à peine à faire bouillir la marmite ? Des études en France ! Il faudrait d'abord trouver des lingots d'or sous les sabots d'un cheval ! »

– Ce n'est pas une idée formidable ? insistait Marie.

– Et avec quel argent paierais-je cela ? Tu sais bien que papa n'a absolument pas les moyens de m'envoyer à l'étranger.

– Avec tes économies des cours particuliers…

Tout en faisant la vaisselle, Bronia se mit, bien malgré elle, à méditer sur cette idée farfelue. À haute voix, elle commença à dresser une liste des frais nécessaires à une vie d'étudiante à Paris :

– Le billet de train, les inscriptions, le loyer d'une chambre, la nourriture, le bois pour le poêle...

– Il te faut environ trente roubles par mois, l'interrompit Marie.

– Comment le sais-tu ?

– J'en ai parlé avec Jadwiga Dawidowa. Lorsque j'ai su que la Sorbonne acceptait les filles, je me suis dit que ça pourrait t'intéresser. Je me suis renseignée.

Bronia posa l'assiette qu'elle était en train d'essuyer. Sa sœur l'étonnait.

– Trente roubles par mois ? Avec mes économies, je peux tenir... un mois. Comme les études durent sans doute quatre ou cinq ans, cela ne sera pas possible... Merci d'y avoir pensé. Allez... (Elle se retourna vers l'évier et se mit à frotter une casserole.) Oublions ça. Je ne serai pas médecin, et alors ? Est-ce que le monde va s'arrêter de tourner ? Non, ce n'est pas grave.

– Si, c'est grave, insista Marie. Très grave, même.

– Viens, soupira Bronia en posant la casserole. Allons nous coucher et n'en parlons plus.

Elles gagnèrent leur chambre, ôtèrent leurs robes, défirent leur chignon, se tressèrent les cheveux pour qu'ils ne s'emmêlent pas pendant leur sommeil, et enfilèrent leurs longues chemises en coton blanc. Quand chacune fut bien installée dans son lit, Bronia souffla sur la lampe à pétrole, plongeant la pièce dans l'obscurité :

– Bonne nuit, Marie.

– Attends.

– Quoi ?

– J'ai une idée.

– Quoi encore ?

– Rallume.

Bronia soupira et s'exécuta de mauvaise grâce. Elle venait d'accepter l'idée qu'elle ne ferait jamais médecine, ce qui pour elle représentait un renoncement déchirant, et elle n'était pas d'humeur à discuter. Elle avait envie de dormir.

– Tu peux partir pour Paris, annonça Marie. J'ai trouvé la solution. Je vais prendre un emploi fixe et t'envoyer l'argent nécessaire.

– Un emploi ?

– Je vais me présenter à l'agence qui recrute des gouvernantes. Il y a toujours des familles qui cherchent quelqu'un pour instruire leurs enfants à domicile. Je serai bien payée. Je pourrai sûrement t'envoyer dans les quarante roubles par mois.

Pour la seconde fois de la soirée, Bronia sentit les larmes lui monter aux yeux. Son ventre se noua. À la lumière de la lampe à pétrole, elle se redressa sur son oreiller et contempla Marie, sa petite sœur un peu fantasque et un peu fragile qui, jusqu'à tout récemment, ne parlait que de mazurkas et de carnaval. Celle à qui elle avait appris à lire et à compter, il n'y avait pas si longtemps, et qui brillait soudain d'une incroyable maturité. Afin que Bronia vive son rêve, elle était prête à aller travailler chez des inconnus, à se sacrifier pour ses ambitions. Bronia refusa aussitôt :

– Et toi alors ? Toi aussi, tu veux devenir étudiante ! Faisons plutôt l'inverse, d'accord ? Tout le monde sait que tu es brillante, Marie. Tu pourrais t'inscrire à la Sorbonne en sciences physiques, et moi, devenir gouvernante à Varsovie.

– Je te rappelle que tu es l'aînée, rétorqua Marie. À toi l'honneur ! Dès que tu auras obtenu ton diplôme, nous inverserons. Tu rentreras à Varsovie, j'irai à la Sorbonne, et tu m'entretiendras avec ton salaire de médecin. Les Russes ont interdit aux filles de faire des études, pas de gagner leur vie. Bonne nuit !

Bronia éteignit la lumière. Impossible, évidemment, de trouver le sommeil. Allongée sur le dos, les yeux grands ouverts, elle imaginait la Sorbonne, les cours de médecine, le dédale des ruelles parisiennes. Son cœur battait la chamade, et elle n'arrivait pas à se calmer. Déjà, elle voyait la plaque dorée frappée à son nom et vissée sur la façade d'un immeuble : « Dr Bronia Sklodowska ». En silence, dans la pénombre, elle se mit à pleurer. Alors, se jurant qu'un jour elle accueillerait Marie à Paris, elle décida d'accepter sa proposition. Le pacte des sœurs naquit ce soir-là, dans l'obscurité d'une petite chambre à Varsovie.

***

Les deux sœurs s'étaient mises d'accord. Restait à convaincre leur père de laisser Bronia partir pour Paris. Elles lui en parlèrent dès le lendemain. Malheureusement, Wladyslaw s'opposa immédiatement au projet :

– Je sais que tu veux faire des études de médecine, Bronia. Cependant, tu dois trouver une autre solution, qui ne nécessite pas de déménager en France, ni de louer ta sœur comme domestique chez des inconnus.

– Je ne serai pas domestique, rectifia Marie. Je serai gouvernante. Une gouvernante est chargée de l'instruction des enfants. Comme tu le sais, j'adore enseigner. Si on me payait correctement pour ça, je serais ravie.

– Tu ferais quand même partie des employés d'une maison, fit Wladyslaw, la voix tremblante. Au service de parfaits étrangers. Je ne me suis pas occupé de ton éducation avec autant de soin pour que tu te soumettes à des patrons.

– Je ne serai pas gouvernante toute ma vie, corrigea Marie. Moi aussi, j'irai à la Sorbonne un jour.

– Les études de médecine durent quatre ans, intervint Bronia, gênée par la tournure que prenait la conversation.

– Quatre ans ! s'écria Wladyslaw. Dieu du ciel !

Il poussa un grand soupir et fourragea dans sa barbe grise. « Qu'aurait dit leur mère ? » se demanda-t-il, comme à chaque fois qu'il s'agissait de prendre une grande décision.

– Paris est très loin de Varsovie, déclara-t-il finalement.

– Mille cinq cents kilomètres, précisa Marie. Avec les chemins de fer, le trajet dure trois jours et deux nuits. Tu n'auras même pas besoin de t'inquiéter pour nous, car nous connaissons des gens sur place.

– Des gens ?

– Une amie de Jadwiga Dawidowa, répondit Marie, elle s'appelle Caroline. Elle est en troisième année de médecine à la Sorbonne. Le cousin de notre ancienne institutrice s'est installé à Paris, lui aussi. Il s'appelle Stanislas. Bronia peut lui écrire pour qu'il l'aide à trouver une chambre à louer.

– Puisque vous avez réponse à tout, s'emporta son père, je ne sais même pas pourquoi vous me demandez mon avis.

– Ça veut dire que tu es d'accord ?

Wladyslaw se tourna vers Bronia. Son aînée était extrêmement embarrassée. Elle était la cause de toute cette tension. Si elle n'avait pas répété mille fois qu'elle voulait devenir médecin, cette pénible conversation n'aurait jamais eu lieu. Tiraillée entre, d'un côté, la culpabilité qu'elle ressentait envers son père et sa sœur et, de l'autre, l'espoir que Wladyslaw accepte leur plan et la laisse partir pour Paris, elle gardait le silence.

– Bronia, fit soudain son père, dis-moi comment tu vois les choses. Penses-tu que tu serais capable de suivre des études de médecine en français ?

– Oui, sans doute. Si je fournis assez d'efforts.

– Et te retrouver seule dans cette grande ville que tu ne connais pas ? Ça ne te fait pas peur ?

– Les Polonais et les Polonaises sont nombreux à la Sorbonne. Je ne serai pas la première.

– Pour ce qui est de l'argent, poursuivit son père, as-tu bien fait tes comptes ? Les dépenses sur place, les frais de scolarité, le loyer…

– Nous sommes au point, répondit Bronia.

– Laissez-moi réfléchir.

– Pas trop longtemps, murmura la cadette.

– Marie, ça suffit ! s'exclamèrent d'une seule voix Wladyslaw et Bronia.

Le soir, au cours du dîner, le père rendit son verdict :

– J'ai bien réfléchi. Je ne souhaite que votre bonheur, et je dois dire que je suis fier de votre courage, de votre solidarité et de votre détermination. Vous avez mon accord. Si l'une ou l'autre renonce, nous trouverons d'autres solutions.

– Merci ! s'écrièrent-elles en chœur.

Le lendemain, Marie se présenta à l'agence de gouvernantes dès l'ouverture. Elle portait une longue robe stricte et un petit chapeau gris qui tenait avec deux épingles. Par chance, l'employée était bien disposée :

– Vous tombez bien, mademoiselle. J'ai justement des gens de Varsovie qui cherchent une institutrice privée. Le père est avocat. Avec vos résultats scolaires, cela ne devrait pas poser de problème. Vous êtes la gouvernante idéale.

Marie accepta le poste immédiatement. Le premier acte du pacte qui la liait à Bronia venait d'être joué.

Chapitre 5
Paris, 1885

Le matin de son départ pour Paris, Bronia acheva de préparer sa malle. Elle y mit son oreiller puis attrapa la couverture sur son lit, la secoua et la plia avec soin. Ensuite, elle empila ses deux robes, les serviettes et les draps qu'elle avait lavés, dix jours plus tôt, pour qu'ils aient le temps de bien sécher. Sans oublier ses chemises de nuit et ses dessous : un corset, des chemises de corps et des pantalons de lingerie qui lui arrivaient au genou.

– Je crois que j'ai tout ce qu'il me faut, déclara-t-elle enfin. J'ai caché la moitié de mes pièces dans la poche de ma robe, et l'autre dans mon sac à main.

– Prends la bouilloire en laiton, proposa Wladyslaw.

– Pas question, papa. Vous en avez besoin ici.

– Prends-la, te dis-je, j'en achèterai une autre. Tu seras bien contente de pouvoir faire chauffer de l'eau à Paris.

Toute la famille – son père, Josef, Hela et Marie – mit un point d'honneur à l'accompagner à la gare car son départ pour la France était un grand événement. Josef descendit la malle de l'appartement jusqu'à la rue, où ils hélèrent un fiacre. Marie était trop triste pour parler. La perspective de ne plus voir Bronia pendant des mois la hantait. Elle était très malheureuse. Elle aurait voulu remonter le temps, et n'avoir jamais suggéré que Bronia aille à la Sorbonne. Elles seraient devenues toutes les deux institutrices, ici, à Varsovie, elles seraient restées ensemble. Bien droite sur le quai, elle s'efforçait cependant de sourire. Elle voulait montrer à Bronia combien ce jour était un jour heureux.

Bronia avait prévu un en-cas composé de pain, de fromage et de cornichons. Dans sa sacoche, elle avait glissé une flasque contenant du thé chaud. Josef hissa la malle à bord du train. Bouleversé à l'idée de laisser partir sa grande fille ainsi, Wladyslaw était blanc comme un linge. Hela, elle, avait croisé une amie qui vendait des beignets, et s'était éloignée pour bavarder. Soudain, elle revint en courant : le chef de gare venait de siffler le départ. Le train s'ébranla. Ils se mirent à agiter la main :

– Au revoir ! Écris-nous vite !

Bronia ne les quitta pas des yeux et bientôt, ils devinrent minuscules. Elle regarda sa famille rétrécir sur le quai. Pour finir, elle ne les vit plus du tout. Ainsi, tandis que Varsovie s'éloignait, la jeune fille entreprenait son périple vers l'inconnu.

On était en septembre 1885. Elle laissait derrière elle ses proches et tout ce qui lui avait été familier durant les vingt ans qu'elle avait vécus ici.

Le trajet durait plus de soixante-dix heures. Le train traversait un défilé de prairies, de forêts et de villes, polonaises, d'abord, puis allemandes et, enfin, françaises. Assise sur son petit pliant de bois, emmitouflée dans sa couverture, Bronia essayait de se reposer malgré le vacarme des roues, les discussions de ses voisins et les contrôles de billets incessants. Au cœur de cette soirée d'automne, la cheminée de la locomotive crachait une chaleur un peu aigre.

***

Alors qu'elle n'y croyait plus, elle sentit le train ralentir, elle vit que l'on entrait en gare et que, dehors, l'agitation était à son comble. Elle entendit deux longs coups de sifflet. Elle était arrivée.

Paris ! Enfin ! Bronia descendit du train. Un petit porteur à casquette l'aida à sortir sa malle. Il attrapa un chariot et l'accompagna sur l'esplanade de la gare de l'Est, puis siffla entre ses doigts pour appeler un fiacre :

– Où vous conduis-je, mademoiselle ? demanda le cocher tandis que le garçon attendait sa pièce.

– Au centre-ville, s'il vous plaît, lui répondit-elle en tendant un sou au porteur.

– C'est qu'il est grand, le centre !

– Rue Flatters, je vous prie.

– D'accord, mademoiselle. En route pour le Quartier latin. Vous avez fait un long voyage ?

– Je viens de Varsovie.

– Votre accent s'entend à peine, mademoiselle, fit le cocher avec un sourire charmeur.

Il installa la malle de Bronia, et ils partirent sans tarder. Pour quelqu'un qui n'avait jamais parlé le français avec un Français, la jeune fille décida qu'elle ne s'en tirait pas si mal.

Son ancienne institutrice lui avait donné l'adresse de son cousin Stanislas ; à Paris, il étudiait la photographie, dont les techniques venaient de se perfectionner. Arrivée rue Flatters, au bas de l'immeuble, Bronia leva les yeux vers le premier étage et l'appela :

– Stanislas ! Stanislas !

Une fenêtre s'ouvrit, et sa tête apparut.

– Bienvenue en France ! Je descends.

Bronia remarqua qu'il avait un cheveu sur la langue.

– Dès que j'ai su que tu venais, je t'ai réservé une chambre à louer, annonça-t-il, traînant la malle dans l'entrée de l'immeuble puis dans l'étroite cage d'escalier, jusqu'au sixième étage.

La pièce, minuscule, comportait un lit pliant en fer, une chaise, une table et une cuvette. C'était une mansarde sous les toits de zinc, une chambre de bonne, comme Paris en comptait tant. Par le bas de la fenêtre, le vent d'automne s'infiltrait. En plaçant une bande de tissu le long des fissures, Bronia conserverait un peu de chaleur.

– Il faudra que tu achètes de quoi te chauffer, expliqua l'apprenti photographe. Le marchand de charbon n'est pas loin. Je te préviens, porter les seaux jusqu'au sixième étage, c'est un vrai supplice. Mais pour commencer, tu devrais t'offrir une petite sieste. Si tu veux, en fin d'après-midi, je te montrerai le quartier.

Bronia ouvrit sa malle, déplia les draps et la couverture, posa son oreiller et s'allongea sur le lit qui répondit en grinçant. Deux minutes plus tard, épuisée par son long voyage en train, elle dormait à poings fermés.

Un peu plus tard, lorsqu'elle descendit rejoindre Stanislas, elle était fraîche comme une rose. Il faisait plutôt bon à Paris en ce soir de septembre, et elle avait hâte de visiter les environs.

Stanislas, qui faisait un bon guide, lui fit savoir que les Polonais installés à Paris accueillaient volontiers les nouveaux venus. Il lui indiqua la bibliothèque polonaise, avec son merveilleux poêle, ce qui était très pratique en hiver. La clef se trouvait sous le paillasson, et l'entrée était gratuite. Un peu plus loin, ils atteignirent un majestueux édifice néoclassique surmonté d'une coupole : le Panthéon.

– Comme c'est impressionnant ! s'exclama Bronia.

– C'est ici que Victor Hugo a été enterré, il y a six mois. Et sais-tu combien de personnes sont venues lui rendre hommage ? Deux millions !

Qu'était-il écrit là-haut, sur le fronton ? « Aux grands hommes, la patrie reconnaissante ».

– Finir au Panthéon, reprit Stanislas, voilà l'honneur suprême.

Bronia se sentait plus libre que jamais. Le vent parisien lui montait aux narines, et les rues pavées lui paraissaient toutes plus belles les unes que les autres. Une fillette courant après son cerceau, un chien qui fouillait une poubelle, un agent de police aidant les écoliers à traverser : un rien l'amusait. Fascinée par cette ville, qu'elle n'avait approchée qu'à travers les romans français qui arrivaient jusqu'à Varsovie, elle se tournait de tous côtés pour ne rien manquer.

Au bas de la rue Soufflot, elle aperçut le jardin du Luxembourg, et se promit d'y aller bientôt. Le soir venu, Stanislas proposa d'aller dîner à la taverne des Gobelins, un restaurant que fréquentaient les étudiants polonais, dans le bas de la rue Mouffetard. Poussant la porte vitrée, Stanislas avisa deux amies assises à une table.

– Bronia, fit-il aimablement, je te présente Caroline et Léonie. Elles sont justement étudiantes en médecine. Elles pourront te donner des conseils.

– Asseyez-vous avec nous, suggéra Caroline avec un sourire.

Le plat du jour était un bœuf braisé. Bronia demanda poliment ce que contenait la recette, et empêcha Stanislas de lui en donner une description en polonais car elle entendait saisir toutes les occasions de perfectionner son français. Écoutant avec attention les explications de la serveuse, elle comprit qu'il s'agissait d'une sorte de ragoût, comme elle en cuisinait elle-même à Varsovie.

– J'ai un peu peur pour les cours, confessa-t-elle ensuite à ses nouveaux amis. Je ne sais pas si je vais tout comprendre…

– C'est vrai que l'on entend bien ton accent polonais en français, la taquina Stanislas. Cela étant, tu t'en sors très bien pour quelqu'un qui n'a jamais vécu ici.

– Il te faudra un bon dictionnaire, renchérit Caroline. Veux-tu que je t'accompagne aux inscriptions ? C'est grand, la Sorbonne, et plutôt impressionnant, quand on ne connaît pas. On pourrait se retrouver devant l'entrée principale demain matin à 9 heures. Enfin, si cela te convient.

– Volontiers ! Merci, Caroline.

Après quoi, rassasiée par ce délicieux plat de viande chaude et de carottes fondantes, et épuisée par sa folle journée, Bronia regagna sa mansarde, envoyant mentalement mille pensées à sa chère sœur Marie, sans laquelle elle ne serait jamais venue ici.

***

Joyeuse et fébrile, Bronia cheminait d'un pas léger vers la Sorbonne. C'était le plus beau jour de sa vie, elle en était certaine. Depuis quand espérait-elle devenir officiellement étudiante en médecine ? Quatre années s'étaient écoulées depuis le baccalauréat, près de mille cinq cents journées à maugréer contre les Russes qui avaient interdit aux jeunes filles de faire ce que Bronia s'apprêtait à faire aujourd'hui même : des études. Qu'ils aillent au diable, les Russes !

Caroline, qui était en troisième année, conduisit Bronia au bureau des inscriptions. Le secrétaire vérifia ses résultats – excellents, dans toutes les matières. Le certificat de l'Université volante attestait en outre que Bronia possédait un bon niveau en biologie et en chimie. Son père lui avait appris le latin et le grec, indispensables pour suivre des cours de médecine. Enfin, avec son baccalauréat polonais, Bronia pouvait obtenir automatiquement une équivalence avec le bac français. La Sorbonne accueillait Bronia les bras ouverts !

Les cours commencèrent deux jours plus tard. Les choses, cependant, n'étaient pas aussi simples que la jeune fille avait pu l'imaginer. Caroline l'avait prévenue : certes, l'université parisienne acceptait des bachelières, mais ce n'était pas du goût de tout le monde. Malgré ce que Bronia avait entendu dire sur la liberté, l'égalité et la fraternité, la France avait encore beaucoup de progrès à faire sur le plan de l'égalité des sexes, et la Sorbonne ne faisait pas exception. Sur quatre mille étudiants en médecine, on ne comptait qu'une centaine de jeunes filles.

Caroline expliqua à Bronia que, selon certains professeurs, la médecine aurait dû rester une affaire d'hommes. Avançant toute sorte d'arguments, ils avaient même tenté de s'opposer à l'arrivée des étudiantes :

– Quels arguments ? s'enquit Bronia, incrédule.

– Ils disaient que les femmes ne supporteraient pas de voir les malades souffrir. Certains pensaient que nous allions nous évanouir à la moindre goutte de sang. D'après eux, nous sommes trop émotives. Ce serait dans notre nature.

– Tu es émotive, toi ? demanda Bronia.

– Pas tellement. Et toi ?

– Rarement.

– Attends, poursuivit Caroline, ce n'est pas fini. Ils ont aussi raconté qu'à force d'exercer un métier d'homme nous n'allions jamais trouver de mari. Ils disaient que nous allions toutes terminer vieilles filles.

– Quelle idée ! rétorqua Bronia, qui pensait qu'un homme trouverait forcément intéressant d'épouser une femme médecin passionnée par son métier. Et les étudiants, nous sont-ils également hostiles ?

– Je crois que la plupart d'entre eux sont bien contents de nous avoir en cours. Sauf que tu sais comment se comportent les garçons dès qu'ils sont en groupe. Ils aiment se moquer des filles, et comme nous sommes en minorité, ils ne s'en privent pas.

– Vraiment ? fit Bronia, très étonnée.

– Il y a toujours des misogynes, ajouta Caroline. Heureusement, ils ne sont pas tous comme ça. Selon moi, les garçons qui ont le plus de charme sont justement ceux qui veulent l'égalité entre les femmes et les hommes. Ceux qui pensent que les femmes devraient obtenir le droit de vote, par exemple.

Dès le premier jour de cours, Bronia comprit ce que sa camarade avait voulu dire. Lorsque ses amies et elles apparurent dans l'amphithéâtre où avait lieu la leçon, quelques garçons se levèrent en sifflant, balançant des trognons de pommes et multipliant les obscénités :

– Hé, toi, lança l'un des fauteurs de troubles, tu viens me soigner ? J'ai mal par ici...

– Dites, les cocottes, vous nous faites un petit spectacle ?

– Un french cancan ?

– Tiens, une nouvelle. Paraît que t'es polonaise ? Tu veux essayer un Français ? C'est gratuit.

Bronia était horrifiée. Comment, au sein de cette université citée en exemple par l'Europe entière, des hommes – des futurs médecins – pouvaient-ils se comporter en brutes épaisses ? Jamais elle n'aurait imaginé une chose pareille.

– Que faisons-nous ? demanda-t-elle à ses camarades. Devons-nous ressortir ?

– Ignorons-les, conseilla une petite blonde. C'est le meilleur moyen pour qu'ils arrêtent. Fais comme si tu ne les entendais pas.

Bien décidée à ne pas perdre une miette du cours, Bronia s'installa discrètement sur un banc au premier rang. Les impertinents se calmèrent dès que le professeur fit son entrée dans la salle. S'ils n'estimaient pas les étudiantes, au moins avaient-ils du respect pour les enseignants.

Le premier cours n'était en vérité destiné qu'à présenter l'emploi du temps. Bronia prit des notes, et l'heure passa en un éclair. Quand elle sortit, la jeune fille était sur un nuage. Quelle joie d'être libre, de pouvoir parcourir les rues sans craindre de tomber sur un soldat prêt à la jeter en prison ! Elle avait hâte de tout raconter à sa sœur.

« *Nous allons faire de vraies expériences,* écrivit-elle à Marie le soir même. *Pour le cours d'anatomie, nous allons disséquer des cadavres. Il paraît qu'on utilise les dépouilles de clochards – des pauvres gens que personne ne connaît et que personne ne réclame. Inimaginable !* »

Cependant, les cours eux-mêmes n'étaient pas une mince affaire. Notamment parce qu'ils étaient donnés en français. Tout un vocabulaire médical à apprendre. Rien que les termes commençant par la lettre A étaient innombrables : « afflictions, amygdales, anatomie, appendicite, artères »...

Bronia travaillait d'arrache-pied. C'était la première semaine ; il ne fallait surtout pas qu'elle flanche. Fouillant dans le dictionnaire, transpirant sur ses schémas, elle fermait les yeux pour tout apprendre par cœur. Elle traduisait en polonais, puis, au prix d'un effort terrible, revenait au français.

Il apparut assez vite que son cours préféré portait sur un sujet fascinant : la naissance. Dans une lettre à Marie, elle s'empressa de le décrire : « *Le professeur est assis sur l'estrade, dans un gros fauteuil de velours vert. Ses étudiants stagiaires doivent décrire les accouchements auxquels ils ont assisté la veille. Ils expliquent comment allait la dame, combien de temps ça a duré, le poids et la taille du bébé... Ensuite, on conduit sur l'estrade une femme allongée sur une table. Elle est sur le point d'accoucher. Une infirmière a posé une serviette sur son visage pour qu'on ne puisse pas la reconnaître. On ne sait jamais ! Le bébé naît devant nous tandis que le professeur décrit les étapes : le rôle des sages-femmes, la position de la dame, sa respiration... C'est extraordinaire !* »

Elle songeait à Marie. À leur pacte. Elle n'oubliait pas, bien sûr, que sa sœur instruisait des enfants riches à seule fin qu'elle, Bronia, puisse suivre des études. Est-ce que tout allait bien, là-bas ? L'acheminement du courrier entre Varsovie et Paris prenait des semaines ! Comment les choses se passaient-elles ? Se pouvait-il que les enfants de la famille employant Marie fussent gâtés, mal élevés ?

« *J'espère qu'ils sont gentils avec toi,* écrivait-elle. *N'oublie pas que tu es la meilleure gouvernante de Varsovie !* »

Chapitre 6
Szczuki, janvier 1886

Bronia avait hélas raison de s'inquiéter : la famille qui employait Marie à Varsovie était tout bonnement épouvantable.

Marie devait s'occuper de trois enfants de moins de huit ans, tous plus capricieux les uns que les autres. Si elle leur demandait de répéter ce qu'elle venait de dire, de soigner leur écriture ou de cesser de manger des biscuits quand elle leur parlait, ils filaient pleurnicher dans les jupes de leur mère qui, en retour, la tançait vertement.

Marie avait été embauchée en septembre 1885. Au bout d'à peine quelques jours, elle s'était rendu compte qu'elle aurait toutes les peines du monde à transmettre quoi que ce soit aux trois bambins.

Cependant, afin de s'assurer que sa sœur partirait bien pour Paris, elle était restée muette. Si elle avait ne serait-ce qu'évoqué l'horreur qu'elle ressentait à se rendre chez ces gens chaque matin, Bronia l'aurait priée de démissionner sur-le-champ, et cela aurait remis son départ en question. Marie tenait bon, même si elle se sentait inutile : plus tard, elle le savait, ils deviendraient des adultes bouffis de prétention, exactement comme leurs parents.

Bravement, elle endura les mois de septembre, d'octobre et de novembre. Le jour de ses dix-huit ans, le 7 novembre 1885, comprenant que la situation ne s'arrangerait jamais, elle prit une décision : à la fin du mois, elle claquerait la porte et chercherait une autre place de gouvernante.

Marie tenait ses promesses, y compris celles qu'elle se faisait à elle-même. Fin novembre, elle quitta l'horrible maison et retourna à l'agence de placement. Il lui fallait absolument trouver un nouveau poste, sans quoi elle ne pourrait plus subvenir aux besoins de Bronia.

– J'aimerais veiller sur des enfants un peu plus âgés, expliqua-t-elle à l'employée.

– Fort bien, répondit cette dernière en sortant une fiche. J'ai là une famille qui me demande une gouvernante pour ses deux filles, dix-huit et dix ans. Ces gens, monsieur et madame Zorawski, vivent dans une grande ferme à la campagne.

– Où ? demanda Marie, espérant de toutes ses forces qu'ils habitaient près de chez ses cousins ou du comte et de la comtesse de Fleury.

– À Szczuki, à cent kilomètres au sud de Varsovie. C'est un travail bien payé : six cents roubles par an. Si vous acceptez, je leur écris tout de suite et vous commencerez au début de l'année. Qu'en dites-vous ?

Marie soupira. Elle tripotait le coupe-papier dont l'employée se servait pour ouvrir son courrier. Szczuki était loin. Cent kilomètres, soit une journée de voyage, en train puis en traîneau, au moment le plus froid de l'année. Cela impliquait de quitter son père et leur appartement douillet pour s'installer à demeure chez des inconnus, au milieu des champs de betteraves, dans une région où elle ne connaissait absolument personne.

Tant pis. Rompre son pacte avec Bronia était impossible. Alors, pour pouvoir soutenir sa sœur étudiante à Paris, elle accepta de quitter Varsovie pour Szczuki, en plein hiver.

***

Nous étions le 1er janvier 1886. Quelques mois plus tôt, sur le quai de la gare de Varsovie, Wladyslaw avait déjà dit au revoir à sa fille aînée, Bronia. Heureusement, Josef et Hela, eux, restaient à Varsovie.

Au petit matin de la nouvelle année, il accompagna Marie et, de nouveau, essuya une larme de son mouchoir lorsque le train qui emportait sa fille s'ébranla vers le sud.

L'estomac noué, Marie avait pris place sur une banquette. Elle était à la fois triste de quitter les siens et angoissée à l'idée que, si les Zorawski se montraient odieux, il lui serait très difficile de démissionner et de rentrer à Varsovie.

Trois heures plus tard, le train s'arrêta dans une petite gare de campagne. Comme prévu, le cocher des Zorawski attendait Marie. Il était venu en traîneau, et le cheval trépignait d'un sabot sur l'autre pour conjurer le froid.

Marie s'installa du mieux qu'elle le put et s'enroula dans des couvertures de peau et de laine. L'attelage filait à travers de vastes étendues désertes, couvertes de glace et de neige. Terrifiée à l'idée que son chapeau ne s'envole, la jeune fille devait également s'agripper aux couvertures pour ne pas laisser les éclaboussures de boue et de neige mouiller ses vêtements. Déjà, ses pieds étaient trempés et elle commençait à se demander si elle avait eu raison d'accepter ce travail. Le vent lui fouettait les joues, lui gelait le nez. Jamais elle ne s'était sentie aussi seule. Et, même à Varsovie en plein hiver, elle n'avait jamais eu aussi froid.

Pour se consoler, elle s'efforçait d'imaginer Bronia à Paris. Les graphiques tracés à la craie sur le tableau noir, les manuels dévorés jusqu'au petit matin, les promenades le long de la Seine... Elle se rassurait comme elle pouvait : « Encore quelques années, et c'est mon tour. À moi l'accès à la Sorbonne, les journées à la bibliothèque ! Patience ! Persévérance ! Courage ! »

Enfin, le cocher ralentit sa monture. Marie aperçut une grande bâtisse entourée d'arbres dénudés par l'hiver. Elle se redressa, secoua ses muscles engourdis et se dirigea vers la maison. Sur le pas de la porte se tenait une femme élégante et très mince. Le col de sa robe était fermé par une broche d'ambre et d'argent.

– Bonjour, mademoiselle, fit madame Zorawska. Entrez vite. Venez vous réchauffer devant la cheminée.

Marie sauta du traîneau et fit quelques pas dans le vestibule en claquant des dents. Les épaules remontées, elle tenait ses bras croisés sur sa poitrine pour se tenir chaud.

– Vous accrocherez votre manteau et votre écharpe à cette patère, indiqua madame Zorawska. Ôtez vos souliers, je vous prie. Avez-vous des souliers d'intérieur ?

– Oui, madame, répondit Marie, qui ouvrit sa malle pour en extraire des pantoufles de laine.

– Rien de plus convenable ?

– Non, madame, murmura humblement Marie.

– Je vois. Bien, passons au salon pour prendre le thé.

Devant la cheminée, une fillette se balançait dans un fauteuil à bascule. Voyant Marie, elle s'arrêta net et se leva poliment :

– Bonjour, mademoiselle.

– Bonjour, répondit Marie en reniflant aussi discrètement que possible. Comment t'appelles-tu ?

– Andzia, mademoiselle. J'ai dix ans.

– Asseyez-vous, je vous prie, les interrompit madame Zorawska en indiquant une chaise près du feu.

– Merci, madame.

Cependant, lorsque la bonne, en robe noire et tablier blanc, lui apporta une tasse de thé sur un plateau en acajou, Marie se releva d'un bond.

– Ne vous dérangez pas, s'écria-t-elle en attrapant la tasse.

– Margarita est à notre service, intervint madame Zorawska, glaciale. Elle ne fait que son travail. Rasseyez-vous immédiatement.

En silence, Marie avalait le thé brûlant à petites gorgées, la tasse dans la main droite, la sous-tasse tremblant dans la main gauche. Elle se tenait impeccablement, les genoux serrés, le cœur battant la chamade, tant elle redoutait de commettre une nouvelle bourde. C'était vrai : elle ne connaissait rien des codes de la haute bourgeoisie – elle, la citadine, la fille d'enseignants désargentés. Si elle voulait éviter de nouveaux faux pas, il allait lui falloir apprendre les manières de ces gens.

Une jeune fille apparut dans l'embrasure de la porte du salon. « Il doit s'agir de Bronka, devina Marie. La sœur d'Andzia. »

– Bonjour, lança Bronka en souriant. Me voilà, juste le temps d'enlever mes bottes.

Avant d'arriver, Marie s'était longuement demandé comment se comporter avec elle. « Elle a dix-huit ans, comme moi, nous pourrions devenir amies », s'était-elle réjouie. Avant, immédiatement, de se rembrunir : « Elle sera la fille de mes patrons. Et moi, je travaillerai pour eux. Sera-t-elle du même coup ma supérieure ? Et dans ces conditions, comment pourrais-je m'en faire une camarade ? »

Une seule option s'imposait : la prudence. Les Zorawski l'avaient recrutée pour qu'elle éduque leur progéniture, pas pour qu'elle s'amuse.

– Marie, se présenta-t-elle en se levant, raide comme un piquet.

Un instant, pour complaire à madame Zorawska, elle avait failli se fendre d'une légère génuflexion, comme le faisaient les domestiques. Mais Bronka, souriante et chaleureuse, ne paraissait pas s'encombrer de convenances.

– Bonjour, Marie, fit-elle simplement, en lui tendant la main. Tu as fait bon voyage ?

– Tu l'appelles Marie ? s'inquiéta la petite Andzia. Tu ne l'appelles pas « mademoiselle » ? Mère !

– Que se passe-t-il ? demanda madame Zorawska, qui s'était levée pour remettre une bûche dans l'âtre.

– Bronka, elle dit « Marie » ! Moi, je dis « mademoiselle ». J'ai raison, n'est-ce pas, maman ?

– Oui, ma chérie : ce sera « mademoiselle », et vous devrez la vouvoyer. Elle est votre professeure. Elle est venue exprès de Varsovie pour assurer votre scolarité. Avec toi, quatre heures chaque matin. Après le déjeuner, ce sera Bronka, durant trois heures. Cela vous convient-il, mademoiselle ? C'est bien ce qui était prévu, n'est-ce pas ?

– Oui, madame, confirma Marie.

– Je vous laisse libre du contenu. Du moment que vous transmettez à mes filles une bonne moralité, bien entendu. Une gouvernante est chargée de l'éducation des enfants au sens large, c'est-à-dire pas uniquement de leur scolarité, mais aussi de leurs activités et de leurs bonnes manières. Margarita, en revanche, est en charge du service des adultes et de la cuisine.

Il incomberait donc à Marie de ranger les chambres, et de veiller à l'excellente tenue de Bronka et d'Andzia, ainsi qu'à leur discipline.

Monsieur Zorawski entra à son tour dans le salon. Il n'avait pas pris la peine de retirer sa veste ni ses bottes, mais il ôta le gant de sa main droite pour serrer la main de Marie :

– Bonjour, mademoiselle. Je passe en coup de vent car je voulais vous saluer et vous expliquer ce que nous attendons de vous. Bien entendu, vous comprenez, mademoiselle Marie, que Bronka et Andzia n'auront jamais besoin de gagner leur vie. Cependant, pour paraître dans la bonne société, elles doivent maîtriser l'art de la conversation. C'est pourquoi je vous serais reconnaissant de leur inculquer une forte dose de culture générale.

– Bien, monsieur.

– J'insiste également pour que Bronka et Andzia fassent de l'exercice, continua monsieur Zorawski en regardant Marie droit dans les yeux. Il paraît que les élèves retiennent mieux leurs leçons si l'on prévoit un peu de gymnastique dans leur emploi du temps plutôt que des heures d'étude sans pause.

– Oui, monsieur.

– Parfait. Vous me rendrez compte des progrès de mes filles tous les quinze jours. C'est entendu ?

– Oui, monsieur.

– Bien. À présent, mon épouse va vous conduire à vos appartements.

Marie aurait aimé finir le thé, ce délicieux réconfort, mais il fallut obéir. Elle suivit madame Zorawska au premier étage, puis au fond du couloir.

– Voici votre chambre, dit madame Zorawska en ouvrant la porte sur une jolie pièce avec une commode et une table en bois et, sur le lit, une large couverture de laine beige.

***

Le soir venu, Marie retrouva Andzia et Bronka pour dîner.

– Allons voir ce qu'a préparé Margarita, suggéra l'aînée.

Elles entrèrent dans la cuisine et Bronka souleva le couvercle d'une cocotte :

– Ça sent bon ! Qu'est-ce donc ? demanda-t-elle à la bonne.

– Un plat hongrois, mademoiselle Bronka, répondit Margarita, un goulasch. Je l'ai fait avec de l'agneau. C'est plus tendre que le bœuf.

– Nous avons de la chance de vivre à la campagne, souligna Bronka à l'attention de Marie. Tout vient de notre propriété.

– Montrez-lui donc le garde-manger, mademoiselle Bronka, suggéra Margarita. Je parie que Marie n'en a jamais vu de pareil, à Varsovie.

Le garde-manger en question se situait à l'arrière de la cuisine, et donnait directement sur le jardin potager. C'était une vaste pièce non chauffée, débordant de victuailles. Marie se sentit chavirer.

Un faisan fraîchement abattu pendait à un crochet, un poulet élevé dans la basse-cour se languissait sur un plat de porcelaine, des fromages de chèvre s'empilaient sous une cloche grillagée. Sur une boîte, il était écrit : « pâtes de fruits : coing ». Sur les étagères, une multitude de bocaux s'entassaient, remplis de haricots verts, de compote de pommes et de confiture de myrtilles. Saucisses, lard et pâtés s'amoncelaient dans des terrines et des écuelles. Dans un panier en osier, on avait empilé les œufs du poulailler ramassés la veille. C'était la caverne d'Ali Baba.

– Voyez, Marie, fit Margarita, on ne meurt pas de faim, ici. À la belle saison, on a les cerises, les cassis et les framboises. Après, c'est les pommes, les coings et les mûres. Vous pourrez vous remplumer un peu.

– Tout cela semble délicieux ! s'exclama Marie.

– La nature, elle donne tout ce qu'elle a, fit Margarita en hochant la tête. Faut remercier le bon Dieu. Allez, passez à table, j'arrive.

Margarita allait et venait de la cuisine à la salle à manger. Elle apporta la soupière, versa le goulasch dans les assiettes et repartit dans l'autre sens. « Pourquoi ne s'assied-elle pas avec nous ? se demanda Marie, perturbée. Qu'attendent les enfants pour porter les plats ? » Elle aurait aimé se lever pour aider la bonne, mais elle sentait que ce serait déraisonnable. Ici, à Szczuki, chacun connaissait sa place et, de toute évidence, il n'était pas question d'en changer. La bonne servait le repas, la gouvernante dînait avec les enfants, ensuite, les parents dîneraient à leur tour, parfois avec des invités.

Marie, qui avait toujours pensé que tous les êtres humains étaient égaux, jugeait cette situation très inconfortable. Elle était si perturbée qu'elle avait hâte de se confier à sa sœur. Elle était certaine que Bronia partagerait son effarement.

Une fois dans sa chambre, elle sortit de sa sacoche un encrier, une plume et un peu de papier. Assise au petit bureau, elle se mit à noircir sa feuille : « *Comme la vie ici est différente de ce que nous avons connu ! Sais-tu qu'Andzia et Bronka ne débarrassent même pas la table ? C'est la bonne, Margarita, qui s'occupe de tout. Peut-être n'auront-elles jamais besoin de cuisiner tant leur famille est fortunée. Heureusement, Andzia et Bronka semblent, pour le moment, tout à fait normales. Demain matin, je commence mon premier cours avec Andzia.* »

***

Dans la chambre d'Andzia se trouvait une table rectangulaire, peinte en blanc, avec des rayures bleu ciel. Sur chacune des deux chaises reposait un petit coussin à carreaux bleus et blancs, attaché au bas du dossier par un ruban de velours bleu nuit. La table était collée à la fenêtre de telle sorte que la gouvernante et son élève pouvaient profiter d'une belle lumière naturelle et de la vue sur les champs enneigés. Toutefois, le lit et le sol étaient jonchés de jouets et d'habits.

– Andzia, as-tu vu l'état de cette chambre ? s'exclama Marie, qui se tenait au beau milieu d'une colonie d'ours en peluche gisant sur le plancher. Depuis combien d'années ne l'as-tu pas rangée ? Ouvre donc le coffre en bois pour que l'on y mette ce bazar.

– Je garde ma poupée, dit Andzia en serrant contre elle son jouet préféré.

– Non, nous allons la poser avec les autres. Doucement, Andzia, c'est de la porcelaine. C'est fragile.

– À la vraie école, objecta Andzia en étendant délicatement la poupée sur son lit, il y a des récréations où on peut s'amuser. C'est ma maman qui me l'a dit.

– Certes, mais pendant la leçon, il faut se concentrer, même à la vraie école. Les jouets, ce sera pour plus tard.

Andzia haussa les épaules et prit place sur sa chaise.

– Ce matin, annonça Marie, nous allons faire de la géographie. Connais-tu la capitale de l'Italie ?

– Oui, dit Andzia.

– Écris la réponse sur ton cahier, s'il te plaît. Sans faute d'orthographe.

– Vous êtes trop sévère, protesta l'enfant. Je vais le dire à ma maman.

– Pardon. Ma chère Andzia, pourrais-tu avoir l'obligeance de m'indiquer le nom de la capitale italienne ?

L'enfant, qui balançait ses pieds sous sa chaise, leva les yeux vers Marie en tordant sa bouche d'une drôle de façon, et finit par plonger la plume dans l'encrier. La plume crissait sur le papier tandis qu'elle traçait soigneusement ses lettres.

– Madrid, annonça-t-elle.

– En es-tu sûre ? Mais c'est Rome, enfin ! Madrid, c'est la capitale de l'Espagne.

– Je savais, en vrai.

Marie se mit à détailler villes et pays, fleuves et continents – comme son père l'avait fait avec elle –, jusqu'à ce qu'Andzia connaisse tout par cœur :

– Espagne ? Tu t'en souviens ?

– Madrid.

– France ?

– Paris.

– C'est là qu'habite ma grande sœur.

– Pourquoi ?

– Elle va à l'université.

– Ça doit être bien, sourit Andzia.

– L'océan qui sépare l'Europe et les États-Unis d'Amérique ? reprit Marie.

– La Méditerranée... Non... Attendez... Je sais... C'est comment déjà ? Ah oui : l'Atlantide !

– L'Atlantique.

– Je savais.

– Qui occupe la Pologne ?

– Les Russes occupent l'ouest de la Pologne, les Autrichiens sont à l'est et les Prussiens ont le reste. Un jour, ils vont tous repartir chez eux et la Pologne va avoir son indépendance et redevenir un grand pays.

– Exactement ! Surtout si tu travailles bien.

Au cours de l'heure suivante, Marie demanda à son élève de réciter les tables de multiplication. Elle attendait un résultat qui la satisfasse, mais la réponse tardait à venir. Peu importe, car elle était perfectionniste. Passer un temps fou sur un sujet unique, s'en tenir à un seul petit but, tout cela ne l'ennuyait pas le moins du monde. S'il fallait qu'Andzia répète vingt fois que 7 × 8 = 56, par exemple, alors elle le répéterait vingt fois. Cette patience, quelle précieuse qualité ! Marie ne s'agaçait nullement si Andzia lui résistait. Si elle prétendait que 7 × 8 = 26 ou 723 ou 3 225, Marie ne s'énervait pas. Elle savait que le progrès viendrait à force d'efforts. Néanmoins, comme à l'école, il était bon de s'accorder des pauses.

– On sort ? demanda Andzia, épuisée par tant d'efforts studieux.

– Bonne idée, fit Marie en s'étirant. Va chercher ton manteau et couvre-toi bien.

– On pourra faire un bonhomme de neige ?

– Volontiers !

L'instant d'après, elles étaient dehors dans le jardin, ramassant de pleines poignées de neige ferme, formant peu à peu un monticule presque aussi grand qu'Andzia.

– Il ne ressemble pas encore à un vrai bonhomme, remarqua Marie.

Elles lissaient leur tas de neige, creusaient une ligne au niveau du cou, arrondissaient les flancs. Sur le pas de la porte de la maison, Bronka ne tarda pas à les appeler :

– Le déjeuner est servi !

Apercevant le bonhomme de neige, elle chipa une carotte, deux noix et un gros haricot dans le garde-manger, puis enfila ses bottes :

– Tenez ! Il lui manque un nez, des yeux et une bouche, à votre bonhomme.

– Comment il s'appelle ? demanda Andzia.

– Il s'appelle « Allons manger », répliqua sa sœur en éclatant de rire.

***

Le repas terminé, Bronka proposa à Marie de lui faire visiter la propriété. Au-delà de la maison s'étendaient le jardin potager, un verger, puis un étang gelé. Sur la droite, Marie découvrit un gigantesque bâtiment en briques, pourvu d'une cheminée haute qui se dressait, solitaire : la raffinerie, où les betteraves étaient transformées en sucre. Apparemment, cette usine employait beaucoup de monde : des paysans, qui cultivaient les betteraves, des ouvriers, qui les raffinaient, des ingénieurs, qui faisaient les mesures d'eau et de sucre, et un sous-directeur, qui gérait le personnel. Monsieur Zorawski, bien sûr, occupait les fonctions de directeur général.

– C'est une responsabilité immense, expliqua sa fille.

Bronka avait vécu toute sa vie à Szczuki, ce que Marie trouvait extraordinaire. En dix-huit ans, elle n'avait même jamais changé de chambre. Dans la famille de Marie, au contraire, on déménageait souvent.

– Aimes-tu enseigner ? demanda Bronka à Marie tandis qu'elles rentraient à la maison.

– Oh oui ! Depuis l'école primaire, je suis fascinée par la transmission du savoir.

– C'est-à-dire ?

– Si je t'apprends ce que je sais, alors tu le sauras à ton tour. Tu pourras te servir de tes connaissances et les transmettre à d'autres. Ma sœur Bronia, par exemple : elle m'a tout appris quand j'étais petite. À la fin, j'en savais autant qu'elle. Partager, cela est essentiel. Plus les enfants seront nombreux à recevoir un bon enseignement, mieux cela sera. Ce n'est qu'ainsi que l'on fera avancer la société.

– Je ne vois toujours pas ce que tu veux dire, fit Bronka en fronçant les sourcils.

– L'éducation, insista Marie, c'est le progrès. Elle te permet de te forger tes propres idées, d'apprendre à réfléchir par toi-même. Tu peux t'ouvrir sur le monde, comprendre ton époque, t'enrichir…

– Tu veux comprendre le monde en donnant des cours ? demanda Bronka.

– Et pourquoi pas ? sourit Marie.

Bronka s'arrêta au milieu du chemin. Elle était certaine que ce qu'elle comptait lui dire ne la laisserait pas indifférente :

– Tu sais, Marie, les enfants des paysans employés par mon père à la ferme, ils ne savent ni lire ni écrire.

– Ne vont-ils pas à l'école ?

– Même l'école la plus proche est beaucoup trop éloignée pour eux. En outre, ils aident leurs parents. Dès qu'ils savent marcher, ils sont mis à contribution pour nourrir les lapins, garder les oies et ramasser les glands pour les cochons. Ensuite, et à mesure qu'ils grandissent, les tâches deviennent plus ardues. Leurs parents leur demandent de porter les fagots de bois, de traire les vaches, et, bien sûr, de récolter les betteraves. Les enfants connaissent tout des travaux ruraux, mais ne savent même pas écrire leur nom. Lorsqu'ils se marient, ils signent d'une croix.

– Quelle injustice ! s'indigna Marie. Ils vont rester analphabètes toute leur vie parce qu'il n'y a pas d'école à proximité ?

– En quelque sorte, reconnut Bronka. Pour Andzia et moi, le problème est réglé. Nos parents étant aisés, ils peuvent employer une gouvernante, comme toi, pour nous donner des leçons privées. Mon frère Casimir a eu aussi son propre précepteur. C'est grâce à cela qu'il fait des études de mathématiques à l'université de Varsovie.

– Tu veux dire, reprit Marie, qu'à la campagne, celui qui naît dans une famille pauvre…

– … n'a aucune chance de s'éduquer, termina Bronka à sa place. C'est ainsi.

– Et si nous prenions les choses en main ? dit soudain Marie.

– Comment ?

– Si nous donnions des cours aux enfants des paysans ?

– Pardon ?

– Nous ne pouvons pas les laisser comme ça, poursuivit Marie. Nous devrions leur apprendre à lire et à écrire.

– Ce serait bien la première fois que quelqu'un se préoccupe de l'éducation de ces gosses ! s'exclama Bronka en riant. Tu as perdu la tête ?

– Je suis très sérieuse au contraire. Nous devons absolument aider ceux à qui nous pouvons être utiles. Si nous leur consacrons, disons, quatre heures par semaine, je te parie que, d'ici un an, ils auront acquis les bases de la lecture et de l'écriture. Où pouvons-nous trouver une salle pour les rassembler ? Les chaumières des paysans sont trop petites pour un groupe d'élèves et je suppose que nous ne pouvons pas les faire venir chez toi.

Bronka manqua s'étrangler en imaginant les petits paysans débarquer dans le vestibule de ses parents, dont Margarita s'employait chaque jour à briquer soigneusement le sol.

– Chez moi ? Maman en ferait une apoplexie.

Marie se creusa la tête. Lorsque viendrait le printemps, se dit-elle, d'ici quatre mois environ, elle pourrait organiser le cours dehors, sous un arbre.

***

Bronka était absolument ravie de la présence de Marie à Szczuki. Elle en avait assez d'être coincée avec sa petite sœur de dix ans. Que c'était pénible, alors qu'elle en avait elle-même dix-huit ! Andzia jouait les divas pour attirer l'attention, ronchonnait à la moindre contradiction… Quel plaisir pour Bronka de pouvoir parler avec quelqu'un de son âge !

Le printemps venu, elle décida de faire profiter Marie des réjouissances qu'offrait la nouvelle saison. En hiver, à cause de la nuit qui tombait tôt et de la neige qui empêchait souvent les promenades, les gens restaient chez eux. Mais avec l'arrivée des premières hirondelles, les stalactites qui fondaient au soleil, les coquelicots pointant leur tête rouge au milieu des champs, tout le monde se sentait revivre. Les jours rallongeaient, les températures grimpaient, la saison des fêtes commençait. Étant la fille d'un riche ingénieur agronome, Bronka était invitée à toutes les réceptions.

– Puis-je amener Marie au bal des voisins ? demanda-t-elle un jour à sa mère.

– Jamais de la vie ! Enfin, Bronka, tu ne parles pas sérieusement ?

– Je pourrais lui prêter une robe.

– Ce serait du plus mauvais goût. Décidément, ma fille, tu es trop fantaisiste. Une gouvernante au bal des voisins ! Ah !

– Mais Marie n'est pas Cendrillon, tout de même.
– Bronka, ne te montre pas insolente !
– Juste une fois, mère. S'il vous plaît.
– J'ai dit non. Il me semble que c'est clair ?

Rusée, Bronka alla poser la même question à son père sans lui dire qu'elle avait déjà consulté sa mère. Monsieur Zorawski avait beaucoup plus de mal que son épouse à s'opposer à sa grande fille.

– Espérons que mademoiselle Marie sera convenablement accueillie à cette soirée, conclut-il. Si tu remarques que son origine sociale pose problème, tu lui demanderas de quitter le bal.

L'autorisation obtenue, il fallait habiller Marie. Si elle se présentait au bal vêtue de sa robe noire délavée, elle ressemblerait bien à une Cendrillon, une Cendrillon sans sa marraine. Heureusement, elle avait bien une bonne fée : c'était Bronka. Pour Marie, elle ouvrit son armoire où étaient suspendues une vingtaine de robes. Sur l'étagère étaient pliés des foulards à franges, noirs, blancs ou bleus, avec des fleurs imprimées. Plusieurs paires de gants de cuir y étaient également empilées, à côté de nombreux sacs à main. Marie parcourait la collection, bouche bée. Délicatement, elle passa sa main sur les robes. Une étoffe soyeuse pour l'une, plus épaisse chez l'autre, brodée de perles sur une troisième. Le poignet, parfois, était de dentelle, évasé, et resserré, ailleurs, grâce à trois petits boutons nacrés. Sur les robes les moins raffinées, l'on pouvait ajouter un tablier. La soie des plus belles créations luisait dès lors que l'on froissait le tissu, faisant ressortir des nuances bleu nuit.

– C'est une couturière de Varsovie qui fabrique mes vêtements, expliqua Bronka. Tiens, essaie celle-ci. Nous avons presque la même taille, toutes les deux.

Marie hésita. Elle n'avait jamais été très portée sur les apparences, et tout cela lui semblait presque trop beau.

– Tu peux me donner un foulard, dit-elle. Je le mettrai sur ma robe.

– Ta robe toute râpée ? Hors de question ! Ma mère n'acceptera jamais que tu te présentes ainsi chez les voisins. Déjà qu'elle a été forcée de se plier à la décision de mon père… Sans lui, tu n'aurais pas pu venir avec moi, tu sais. Allez, choisis celle qui te plaît.

Marie opina, et finit par lui emprunter une longue robe bordeaux et soyeuse, sobre mais de belle coupe. Ensemble, elles grimpèrent dans la calèche des Zorawski et le cocher les déposa devant un manoir bordé d'une grande pelouse verte et lisse.

Marie, cependant, ne se sentait guère à l'aise. Le buffet était somptueux. Il y avait là de quoi nourrir tous les paysans du village ainsi que leurs familles. Les convives dégustaient du champagne et, sur la table, un cochon de lait rôti, décoré de tranches d'oranges, reposait sur un plat en argent. Les filles invitées au bal, richement vêtues, paraissaient très sûres d'elles.

– Serais-tu nouvelle dans la région ? lui demanda une jeune femme d'environ vingt ans, dont les tresses blondes étaient savamment attachées en couronne.

– J'habite chez monsieur et madame Zorawski depuis quatre mois, fit simplement Marie. Je... Je suis leur gouvernante.

– Gouvernante ? s'esclaffa la jeune femme. Vraiment ? Comme c'est amusant ! Et ils t'ont laissée sortir ? Tu ne te sens pas trop... déplacée ?

– Bonjour, Madelia, fit Bronka qui s'était éloignée un instant pour saluer quelqu'un. Comment vas-tu ?

Madelia sourit à Bronka, puis tourna les talons, et partit danser une mazurka. Marie espérait de toutes ses forces que personne ne l'inviterait. Elle se sentait si gauche...

Elle aurait tant aimé se montrer à son aise ! Ne sachant quel sujet aborder, elle écoutait poliment les conversations de ce monde sans contraintes.

– En février, nous sommes allés skier à la montagne, annonça Madelia, qui avait fini de danser et ne paraissait même pas essoufflée.

– Skier ? répéta Marie.

– C'est à la mode, lui expliqua Bronka. Les gens vont faire du ski dans les montagnes des Carpates, près de Zakopane.

– À Pâques, poursuivit une amie de Madelia, nous irons à Venise. Tu connais, Marie ? Venise ? Non, bien sûr ! Comme je suis bête ! Une gouvernante !

Le groupe de filles éclata de rire et Marie se sentit horriblement mal. La cruauté lui était étrangère. Pourquoi ces invitées, qui avaient peu ou prou le même âge qu'elle, prenaient-elles tant de plaisir à l'humilier ? Pourquoi ne l'acceptaient-elles pas en leur cercle ?

– Marie possède une formidable culture générale, déclara Bronka avec enthousiasme. Elle s'intéresse à une foule de sujets !

– Encore heureux, gloussa Madelia en attrapant le verre de jus de pomme que lui tendait un serviteur, puisque tes parents l'ont embauchée pour vous donner des cours, à toi et à Andzia.

– Savez-vous, osa soudain Marie, que les enfants des paysans ne savent ni lire ni écrire ?

– Et alors ? s'enquit l'une des filles en tripotant son collier de perles.

– Je considère que c'est injuste.

– Vraiment ? s'étonna Madelia. Je ne vois pas en quoi cela nous concerne.

– Tous les enfants devraient avoir accès à l'éducation, poursuivit Marie en hochant la tête.

– Quelle idée saugrenue ! s'exclama Madelia. Car enfin, ce ne sont rien d'autre que des petits sauvages, non ? Des sous-êtres.

Plusieurs filles ricanèrent. Avant que Marie puisse répondre, Bronka lui écrasa discrètement le pied et annonça à la cantonade que le temps était venu pour elles de rentrer. Sur le chemin du retour, dans la calèche qui les avait attendues toute la soirée devant le manoir, elle fit la morale à Marie :

– Tu n'aurais pas dû parler comme cela des petits paysans analphabètes, dit-elle sur un ton très sec.

– Et pourquoi pas ?

– Chez nous, on n'aborde pas de tels sujets en société. Madelia et les autres vont certainement raconter à leurs parents que tu te mêles de ce qui ne te regarde pas.

– Je suis gouvernante, s'indigna Marie. La pédagogie est mon métier. Je trouve que tous les enfants devraient recevoir la même éducation.

– Très bien, concéda Bronka sur un ton plus doux. Mais dorénavant, nous en parlerons toutes les deux, d'accord ? Et plus en public. Songe donc à la réputation de ma famille. Si les voisins commencent à raconter que notre gouvernante se livre à des exercices de critique sociale dès qu'elle sort au bal...

Marie l'écoutait, bouche bée. Jamais elle n'aurait imaginé que l'instruction des enfants puisse être un sujet tabou.

Dans l'obscurité, le cocher remontait un long chemin boisé. Il faisait un peu frais sous les frondaisons des grands arbres ; dans le lointain, une chouette hulula. Les deux jeunes filles avaient cessé de parler. L'incident avait dressé comme une barrière entre elles.

– Je dois consulter mon père, annonça soudain Bronka.

– Je t'en prie, implora Marie, ne lui raconte pas ce qui s'est passé au bal. Je te promets que je ne ferai plus de remarques sur les enfants du village et que je me tiendrai correctement. Je ne sais pas comment m'excuser de t'avoir ainsi embarrassée. Je ne me rendais pas compte que l'éducation pouvait devenir une telle source de désaccord. Je suis désolée. Cela ne se reproduira plus.

– Ce n'est pas ce que je voulais dire, corrigea Bronka. J'étais en train de penser aux petits paysans.

– Et ?

– Nous allons demander à mon père s'il nous autorise à utiliser une salle de la raffinerie pour leur faire cours.

– Formidable ! s'écria Marie, en tressaillant sur la banquette. Oh, merci, merci !

Bronka se renfrogna.

– Oui, enfin, il va certainement rétorquer que ces enfants travaillent comme leurs parents, et que nous n'avons pas à changer l'ordre établi.

– Au moins, fit Marie, les yeux brillant d'excitation, nous aurons essayé.

***

Penser qu'il allait refuser était mal connaître le tempérament progressiste de monsieur Zorawski. Lorsque

Marie et Bronka lui soumirent l'idée, le lendemain, il lâcha son journal, les félicita avec enthousiasme et promit de demander à son secrétaire particulier d'aménager un espace dans ses bureaux.

Trois jours plus tard, Marie, postée à l'entrée de la raffinerie, frappait dans ses mains pour rassembler les enfants, à qui on avait annoncé qu'ils allaient commencer l'école. Marie était seule, cependant. Madame Zorawska, en effet, avait interdit à Bronka de se mettre au service des paysans. « Si la chose intéresse Marie, avait-elle déclaré, grand bien lui fasse ! Elle aura tout loisir de s'occuper de ces sauvages en dehors de son emploi de gouvernante – sans salaire, naturellement. » Qu'on veuille à tout prix apprendre à lire à ces gens dépassait son entendement. Ses ancêtres, répétait-elle, devaient se retourner dans leur tombe.

Intimidés, les nouveaux écoliers s'avançaient vers Marie. Ils avaient les mains sales, de la terre sous les ongles. Les garçons portaient des pantalons raccommodés mille fois, et les filles, des robes toutes tachées. Certains enfants étaient pieds nus. Le plus jeune avait cinq ans, le plus âgé, treize. Ils étaient maladroits et mal à l'aise, curieux et timides.

– Filez vous laver les mains, ordonna Marie.

Après quoi elle les invita à entrer dans la salle deux par deux, et leur demanda de se tenir debout près de leur chaise pendant quelques instants. Cette technique était censée aider à calmer les plus dissipés. Ici, elle était inutile : ces enfants étaient sages comme des images.

– Asseyez-vous, lâcha enfin Marie, qui avait disposé des chaises et des tables en sapin en rangs. Désirez-vous apprendre l'alphabet ?

– Oui, mademoiselle, murmura une petite fille.

Dans du carton, Marie se mit à découper des lettres, comme Bronia l'avait fait pour elle des années plus tôt. Un des élèves renifla. Les enfants étaient si impressionnés qu'on aurait pu entendre une mouche voler.

Leurs parents avaient salué l'initiative de Marie avec une joie non feinte : grâce à elle, leurs enfants seraient les premiers à savoir lire, ce dont aucun d'entre eux n'aurait osé rêver. Ils avaient demandé à leurs fils et à leurs filles de bien se tenir devant la professeure et, surtout, de ne pas perdre une miette de ce qu'elle allait leur apprendre.

Non seulement Marie enseignait gratuitement mais, en plus, elle avait sacrifié une partie de son salaire pour acheter à chaque enfant des cahiers et des porte-plumes. Bien sûr, la somme qu'elle envoyait à Bronia afin que cette dernière poursuive ses études à Paris serait préservée. Ce qui diminuait, c'était le pécule que Marie espérait se constituer à Szczuki. Mais quelle importance ?

Un samedi après-midi, alors que la leçon du jour venait de prendre fin et qu'elle s'apprêtait à sortir de la raffinerie, la jeune fille croisa monsieur Zorawski.

– Bonjour, monsieur.

– Bonjour, mademoiselle Marie. Tout va bien ?

– Admirablement, monsieur, je vous remercie. Notre école improvisée remporte un vrai succès. En quelques jours, nous sommes passés de dix à vingt élèves.

– Venez, je veux vous montrer notre bibliothèque.

Observateur, le père de Bronka et d'Andzia avait remarqué que leur gouvernante aimait s'instruire.

– Voulez-vous savoir comment on transforme une betterave en sucre ? lui demanda-t-il tandis qu'ils empruntaient un long couloir aux murs en briques.

– Oui, volontiers !

– On écrase les betteraves pour en extraire le jus sucré. Ensuite, on raffine ce jus – on le débarrasse de ses impuretés. Raison pour laquelle l'usine s'appelle une « raffinerie », d'ailleurs. Le premier à avoir réalisé cette transmutation est un chimiste français.

– Un chimiste ? répéta Marie, étonnée.

– Les savants français sont très avancés en ce domaine. Nous venons de recevoir leurs nouveaux manuels : mes ingénieurs les ont fait venir de Paris. Toutes les découvertes récentes y sont décrites. Vous qui maîtrisez le français, vous devriez les lire. Cela vous intéresserait sûrement.

– Me permettriez-vous d'emprunter un livre ? demanda Marie, fébrile. Vraiment ?

– Je vous en prie !

L'ouvrage que Marie avait choisi portait un titre prometteur : *Traité de chimie*. Elle le dévora jusque tard dans la nuit, puis tous les autres livres de la bibliothèque, les uns après les autres. Après quoi, elle les relut intégralement en prenant des notes. Elle recopiait des formules, dessinait des atomes, repérait les noms des métaux, des gaz, des minerais. Quelle frustration de ne pouvoir reproduire les expériences évoquées en ces pages ! Son imagination était son seul laboratoire. Ainsi Marie se forma-t-elle à la chimie moderne : seule, armée d'une plume et d'un simple cahier.

Dans sa chambre à Szczuki, elle prit une décision : lorsqu'elle rejoindrait Bronia à Paris, elle s'inscrirait en sciences physiques – un cursus qui englobait la physique et la chimie. Avant ses vingt-deux ans, elle entrerait dans un laboratoire à la Sorbonne, vêtue d'une blouse blanche. Elle disposerait de pipettes et de tubes à essai, de cristallisoirs et d'entonnoirs, et elle passerait de longues et précieuses heures à tremper des métaux dans des solutions aqueuses et à mesurer des réactions chimiques. Dans son lit à Szczuki, alors que la maisonnée était endormie, la jeune fille songeait à son avenir. Il lui tardait tant de découvrir Paris !

Chapitre 7
Paris, 1886

Bronia se réjouissait des nouvelles que sa sœur lui envoyait. Ces Zorawski, quelle famille sympathique ! En lisant que monsieur Zorawski avait été jusqu'à prêter des livres de science à Marie, elle se dit qu'ils ne semblaient pas loin de considérer Marie comme leur fille.

À Paris, Bronia aussi avait fait sa place. Son emploi du temps était réglé comme du papier à musique. Après les cours, elle révisait à la bibliothèque, puis descendait vers le quartier des Gobelins, où elle habitait. La plupart de ses amis étaient d'autres étudiants polonais, qui se retrouvaient à la taverne du coin de la rue. Comme Wladyslaw, leurs parents leur avaient appris le français parce qu'ils imaginaient qu'ils pourraient un jour vivre en France – un pays plus libre que leur Pologne, qui ployait sous le joug russe.

Parmi ces jeunes gens, un étudiant en particulier, Casimir Dluski, retenait l'attention de Bronia. Inscrit en médecine, il était plus âgé que les autres. Une ride au milieu du front, des pattes-d'oie autour des yeux, quelques cheveux gris, il devait avoir au moins trente ans. Avec sa barbe bien taillée, sa redingote impeccable et ses mains fines, la jeune fille le trouvait si séduisant que, quand il paraissait, plus personne n'existait à ses yeux. Jovial, extraverti et beau parleur, il adorait se mêler à la bande d'étudiants, et parlait plus fort que les autres. Bronia voulait apprendre à mieux le connaître.

Ce soir-là, comme à son habitude, à peine avait-il salué ses camarades qu'il commanda une tournée de bière, plaisantant avec la serveuse :

– Ma Louise, lança-t-il d'une voix de ténor, un de ces jours, je vous ferai visiter Varsovie !

– Varsovie ? sursauta Stanislas. Mais je croyais que tu n'avais pas le droit d'y retourner !

– Eh bien, j'irai quand même ! s'exclama Casimir Dluski. Louise, vous prenez une petite mousse avec nous ? Allez ! Et vive la Pologne indépendante !

Haussant les épaules, la serveuse partit chercher les pintes de bière. Casimir se tourna vers les jeunes filles du petit groupe :

– Vous savez, les étudiants qui vous sifflent dans l'amphithéâtre de la Sorbonne, eh bien, je les excuse volontiers. En France comme en Pologne, la tradition veut que l'on salue les jolies femmes. C'est une habitude de pays civilisés. Hein, Louise, n'est-ce pas agréable, un petit compliment à la va-vite ?

La serveuse continuait de l'ignorer, mais il s'en moquait. Bronia prit alors son courage à deux mains :

– Pourquoi ne peux-tu pas retourner à Varsovie ?

– Pourquoi quoi ? fit Casimir, la tête ailleurs.

– Tu ne sais donc pas? intervint Stanislas. Casimir Dluski, c'est notre rebelle. À cause de ses actions contre les Russes, il a dû partir dare-dare. Il a fomenté des grèves, il a publié des articles contre le gouvernement du tsar – tous ses camarades sont au cachot. Attention, les amis ! Nous avons parmi nous un vrai héros. Heureusement qu'il a réussi à s'enfuir, ça lui a sauvé la vie. Mais s'il débarque à Varsovie, il sera pendu aussi sec.

– Pendu ? reprit Casimir Dluski en riant. J'espère que tu exagères.

« Comme il est humble », songea Bronia. Derrière cette modestie, elle en était sûre, un courageux aventurier se cachait, un Robin des bois des temps modernes ! Il avait lutté contre les Russes, il avait pris des risques énormes. En comparaison, se faufiler la nuit pour aller à l'Université volante comme elle l'avait fait avec Marie, ce n'était rien !

Peut-être, lui aussi, pensait-il que lutter contre les injustices et devenir médecin participaient du même idéalisme, du même optimisme politique ? Qu'il fallait soigner les pauvres tout comme les riches ? Soudain, elle se sentait pousser des ailes.

– Es-tu venu à Paris exprès pour t'inscrire en médecine ?

Casimir Dluski avala une gorgée de bière et marqua une longue pause.

– Ma petite... répondit-il avec dédain. Un jour, tu comprendras.

Elle eut la sensation d'avoir reçu un coup de poing dans le ventre. Son sang se mit à bouillir. Elle regarda Casimir Dluski droit dans les yeux, mais il se détourna.

Brusquement, elle se leva, attrapa son manteau et sortit du café en claquant la porte. Jamais personne ne lui avait parlé ainsi. Pour qui se prenait-il ? Avait-elle mérité un tel mépris ? Pourquoi se montrait-il si aimable avec la serveuse, et si désagréable avec elle, qui ne lui avait posé qu'une question innocente ? Le long de l'avenue, Bronia marchait vite, tête baissée.

– Oh ! là, là ! lâcha un balayeur en la voyant passer. Elle m'a l'air énervée, la demoiselle.

– Faut pas faire la tête, ajouta son collègue. Faut sourire ! Ça fera revenir le soleil !

Bronia accéléra de plus belle. Soulevant le bas de sa robe, elle monta quatre à quatre l'escalier qui menait à sa mansarde. Six étages. Essoufflée, elle s'assit à sa table et ouvrit immédiatement son manuel de biologie. Dans sa tête, la voix de son père résonnait.

« On peut tout te prendre, sauf ce que tu sais. »

Ce rustre de Casimir Dluski lui avait peut-être fait perdre ses moyens, mais il lui restait le savoir. Ah, elle en aurait, des patientes, si tous les hommes médecins se comportaient comme lui ! Pour sûr, les femmes préféreraient une doctoresse. Jusqu'à 5 heures du matin, à la lumière de sa lampe à pétrole, Bronia mémorisa le chapitre de son livre consacré aux micro-organismes.

En réalité, elle ressentait de la peine. Elle voulait oublier que cet homme lui plaisait, qu'il s'était montré injuste. Elle songea à sa sœur. Marie, elle, devait mieux savoir s'y prendre avec les garçons. Elle au moins, elle était capable de minauder, de faire des mondanités.

Tant pis. À vingt et un ans, ce qui passionnait Bronia, c'étaient précisément les questions sérieuses. Elle aimait comprendre ce qui poussait les gens à choisir un chemin plutôt qu'un autre. Si Casimir Dluski n'appréciait pas sa façon de s'intéresser aux autres, à leur idéal de vie, c'est qu'il n'était pas pour elle.

Elle se prépara un thé pour rester éveillée et, seule dans sa mansarde sous les toits, reprit sa lecture. L'ambition était un sentiment fort, personnel et intime.

Bronia avait le désir de devenir médecin et, pour cela, elle devait travailler. Ce n'était tout de même pas un Casimir Dluski qui allait la détourner de son but.

***

Le lendemain, Bronia longeait le Panthéon pour se rendre rue de l'École-de-Médecine, lorsqu'elle entendit qu'on l'appelait :

– Mademoiselle ! Attendez !

Se retournant, elle eut la surprise de voir accourir Casimir Dluski.

– Attendez, criait-il, essoufflé.

Bronia, de nature entière, n'avait aucune envie de lui obéir. Il l'avait humiliée, et elle ne comptait pas lui accorder le moindre intérêt. Refusant d'obtempérer, elle poursuivit son chemin au pas de course. À un croisement, Casimir Dluski arriva enfin à son niveau et lui attrapa le poignet :

– Mademoiselle, ne m'évitez pas...

Le cœur de Bronia bondit dans sa poitrine au contact de sa main. C'était la première fois de sa vie qu'un garçon la touchait. Terrifiée, elle avala sa salive :

– Que voulez-vous ?

Le ton était glacial. Ils se vouvoyaient désormais, ce qui montrait le gouffre qui s'était creusé entre eux.

– Pouvons-nous nous parler ?

– C'est ce que nous sommes en train de faire, rétorqua Bronia, sarcastique.

– Pas comme ça, répondit Casimir Dluski.

– Comment, alors ?

Le jeune homme lâcha son poignet.

– Puis-je vous inviter à prendre un thé ?

– Non merci. J'ai du travail.

Elle traversa la rue, mais il continua à la suivre.

– Je n'en ai pas pour longtemps, promit-il, de plus en plus penaud. Venez, je vous en prie.

– Désolée. Je dois préparer mon exposé.

– Tout à l'heure, alors ?

– Je ne crois pas. Au revoir.

– Ce soir ?

Elle ne répondit pas. Désormais, elle l'ignorait ouvertement. Téméraire, il trottait pourtant auprès d'elle le long du boulevard Saint-Michel.

– Ce soir ? la supplia-t-il encore.

Bronia avançait, le regard en avant, le chignon bien droit. Elle avait mis un terme à la conversation. Pourquoi était-il encore là ? Ne voyait-il pas qu'il l'importunait ? Quel malotru !

Et cependant, au fond d'elle-même, Bronia n'était pas certaine de vouloir le voir disparaître. Elle était plutôt même sûre du contraire. Le contact de la main de Casimir Dluski, agrippée à son poignet, l'avait profondément troublée. Et ses yeux plongés dans les siens, quand il avait insisté pour qu'ils prennent un thé ! À force de jouer les fières, ne risquait-elle pas de le perdre définitivement ? Qu'il était compliqué d'être à la fois furieuse et amoureuse !

– Mademoiselle, reprit le trentenaire, je crois que je vous ai fâchée ? Mademoiselle, dites quelque chose…

– Non.

– Dites oui.

– Non.

– Non ?

– Oui, confirma Bronia. C'est non.

Cette conversation devenait absurde ; ils s'arrêtèrent tous les deux. Casimir en profita pour lancer une nouvelle proposition.

– Dînons ce soir au café du Grand Hôtel de la Paix. On y mange une soupe à l'oignon incomparable, et le vin est particulièrement fin. Je viens vous prendre à 19 heures. Cette fois, je promets de ne pas vous fâcher.

Bronia aimait sa façon de s'exprimer. Il avait une certaine élégance. Vraiment, elle ne comprenait pas pourquoi il avait été si mal élevé avec elle à la taverne.

Excitée autant qu'intriguée, elle accepta son invitation. Après tout, elle était étudiante à Paris, la ville la plus romantique du monde. Quoi de plus merveilleux qu'un rendez-vous avec un beau Polonais indépendantiste et futur médecin, un garçon auquel elle rêvait depuis des mois ?

Bronia ne passa pas beaucoup de temps à la bibliothèque, ce jour-là. Elle rentra plus tôt que d'habitude. Elle voulait se laver les cheveux avant le rendez-vous, et ce n'était pas une mince affaire. Elle devait porter des brocs d'eau de la cour de l'immeuble à sa mansarde.

Une fois qu'elle eut assez d'eau pour ses longs cheveux, elle se pencha au-dessus de la bassine en se mouillant la tête, frotta, recommença, rinçant du mieux possible. Après quoi elle enfila la moins usée de ses deux robes et accrocha au niveau de sa poitrine une broche d'ambre et d'argent qui appartenait à sa mère. Elle s'efforça d'arranger ses cheveux encore humides en un joli chignon, pas trop serré. Devant le miroir, elle s'y reprit à trois fois et laissa filer quelques mèches malicieuses. Elle sourit à son reflet, et décida que ni elle ni personne ne savait quelle tournure cette soirée allait prendre.

***

Bronia avait entendu parler du Café de la Paix, tout près de l'opéra Garnier. C'était un endroit de grand luxe. Parisiens aisés, touristes fortunés venaient y boire un verre avant un ballet ou un récital, ou y souper une fois le spectacle fini. Bien entendu, l'addition serait affreusement élevée. Avant de quitter sa mansarde, Bronia avait avalé quelques pommes de terre bouillies pour calmer sa faim. Elle ne mangerait pas au restaurant, elle n'en avait pas les moyens. Marie ne s'échinait pas à donner des cours au milieu de champs de betteraves pour qu'elle-même mène grand train place de l'Opéra, et dépense en une soirée l'équivalent d'un mois de loyer.

Casimir Dluski l'accueillit au bas de son immeuble, un œillet à la boutonnière. Quelle élégance ! Il lui prit le bras.

– Trouvons un fiacre, proposa-t-il galamment.

– Vous êtes sûr ? Nous pouvons attendre l'omnibus.

– J'insiste. Je voudrais vous offrir une visite de Paris.

C'était une bonne idée. Bronia, en effet, ne connaissait de la ville que le parcours entre sa chambre des Gobelins et la Sorbonne. Depuis son arrivée, il y avait plus d'un an, jamais elle n'avait retraversé la Seine.

Sur le pont, Casimir demanda au cocher de s'arrêter un instant afin de leur laisser le loisir d'admirer le paysage. La cathédrale Notre-Dame se découpait, blanche et altière, sur le ciel. En contrebas, une longue péniche chargée de charbon passait sur l'eau grise.

– Comme c'est beau ! murmura Bronia.

– C'est la Seine qui donne à Paris tout son charme, fit remarquer Casimir Dluski d'un air profond. Je ne m'en lasse pas.

– Oui... dit Bronia.

– Parfois, le soir, je marche jusqu'ici, et je pense.

Ils méditèrent un instant. Bronia brûlait de demander à Casimir à quoi il venait ainsi penser, tout seul, sur les bords de la Seine. Elle ne le fit pas.

Les avenues étaient larges, bordées de marronniers qui commençaient à fleurir. Sur un trottoir du Châtelet, Bronia aperçut une fontaine Wallace, peinte en vert foncé et brillant. Elle nota aussi les réverbères, récemment installés.

– Il y a quelques années, dit le cocher en se retournant un peu pour qu'ils l'entendent, vous n'auriez trouvé ici que des impasses infectes et des taudis misérables.

– Très intéressant, fit Bronia, qui était fascinée par les questions de développement sanitaire. Que s'est-il passé ?

– Ils ont rasé les ruelles et les maisons pour construire des boulevards, expliqua le cocher. C'est bien pratique pour nous autres, qui devons mener notre monture à bon port. Le problème maintenant, ça va être les travaux de construction du train souterrain. Le métropolitain, vous en avez entendu parler ? Ils vont nous creuser des chantiers partout. Quand on pense qu'ils appellent ça le progrès, je vous jure !

Bronia regarda Casimir, qui lui sourit d'un air complice. « Là aussi, il y a du progrès », se dit-elle, le cœur battant.

Le Café de la Paix donnait sur la place de l'Opéra. « Boissons américaines, glacier » pouvait-on lire sur la vitrine de l'établissement. Devant le Café, on avait disposé des tables rondes qui ressemblaient à des guéridons, et des chaises garnies d'un cannage en rotin. Un gavroche coiffé d'une casquette vendait des journaux à la criée.

Casimir passa devant Bronia pour entrer en premier dans le Café et demander une table. Immédiatement, Bronia fut éblouie par les fresques qui ornaient les plafonds, les lustres dorés, les miroirs immenses, les bouquets de fleurs fraîches dans leurs grands vases de porcelaine. Les messieurs ôtaient leur haut-de-forme, les dames confiaient leur ombrelle au vestiaire, et un pianiste en smoking jouait une mélodie innocente. Jamais elle n'avait vu un tel luxe – ni à Varsovie, ni à Paris.

Un serveur vêtu de noir, la taille ceinte d'un long tablier blanc, les conduisit à une table couverte d'une nappe immaculée, et revint dix minutes plus tard pour prendre leur commande.

– Une limonade, s'il vous plaît, demanda Bronia.

– Tu plaisantes ? lâcha Casimir Dluski. (Puis, s'adressant de nouveau au serveur :) Oubliez la limonade, et apportez-nous donc une bouteille de château-lafite-rothschild.

– Bien, monsieur.

– Nous allons aussi prendre deux soupes à l'oignon, dit Casimir Dluski.

– Nous n'en avons plus, répondit le serveur, confus. Je suis désolé. C'est à cause des Américains qui…

– Ce n'est pas grave. Comment est votre tournedos Rossini ?

– Excellent, monsieur. Nous avons reçu de très belles truffes, que le chef râpe sur la viande garnie de foie gras.

– Alors, ce sera un tournedos pour moi et, pour madame, un poulet à la Marengo. Accompagné de pommes sautées.

– Bien monsieur, répéta le garçon.

Il prit la serviette de Bronia pliée sur son assiette, la secoua pour la déplier, et la lui tendit afin qu'elle la pose sur ses genoux.

– Monsieur Dluski, commença Bronia, tandis que le serveur contournait la table pour attraper la serviette de Casimir. Monsieur Dluski, je...

– Appelle-moi Casimir.

– Je prendrai juste une boisson, annonça Bronia.

– Pourquoi ? demanda Casimir. N'as-tu pas faim ? Voyons, il faut goûter à cette merveilleuse cuisine. Ne sais-tu pas que ce restaurant est connu jusqu'à New York ?

Bronia n'osait pas lui dire la vérité. Elle était pauvre. Lui pas, visiblement. Elle avait honte. Il habitait le même quartier qu'elle – comme tous les Polonais à Paris –, mais, bien sûr, il ignorait que sa mansarde était froide, humide et étriquée. Et que sa petite sœur était gouvernante chez un ingénieur agronome car c'était la seule solution pour qu'elle-même puisse suivre des études universitaires.

– Pouvez-vous rappeler le serveur, demanda Bronia, et lui dire que je ne vais pas dîner ?

– Non.

– Si.

– Non.

Elle eut envie de rire, car voilà que leur petit jeu recommençait : elle disait non, il disait oui, et ainsi de suite. Mais, très vite, elle se rembrunit. La vérité, c'est qu'elle était inquiète. Très inquiète. Un plat principal était trop cher pour elle, bien trop cher. Même un œuf mollet était hors de ses moyens. Pourquoi s'était-elle laissée embarquer dans cette aventure ? Comment sortir de cette impasse ? Elle s'en voulait tellement qu'elle n'était pas loin de se sentir mal. Elle avait l'impression d'être plus pâle que la nappe. Que faire ? Devait-elle lui avouer qu'elle n'avait pas un sou ? Lui rappeler qu'elle ne comptait pas dîner avec lui ce soir, qu'il lui avait arraché ce rendez-vous contre son gré ?

– Bronia, murmura Casimir Dluski en fronçant les sourcils, ne me dis pas que tu pensais payer ta part ?

– Si, bien sûr, répondit-elle sans réfléchir.

– Tu m'insultes ! s'écria-t-il. Grands dieux ! Que chacun règle son dîner ? C'est comme si tu t'asseyais à une autre table que la mienne.

– Je... tenta Bronia, impressionnée par tant de manières.

– L'argent n'est pas un problème, reprit Casimir Dluski, crois-moi. Je t'en prie, fais honneur au chef, et laisse-moi t'inviter.

Plus tard, tandis qu'ils dégustaient leurs plats, elle se dit qu'il avait bien fait d'insister. Jamais de sa vie elle n'avait aussi bien mangé. La volaille savoureuse fondait dans sa bouche, la sauce aux champignons portait mille saveurs, les pommes de terre à l'ail et au persil étaient croustillantes à souhait.

– Je voudrais te demander de m'excuser pour mon comportement d'hier, à la taverne, dit soudain Casimir Dluski. Lorsque tu m'as demandé si j'étais venu à Paris pour devenir médecin. Je sais que je t'ai mal répondu. Je t'ai invitée ce soir avec l'intention de te présenter mes excuses.

– Oui, approuva Bronia, je t'ai posé une question innocente, à la suite de ce que Stanislas venait de dire. Je n'ai pas compris pourquoi tu avais réagi aussi... méchamment. Je ne cherchais pas à te piéger, ni même à t'embêter.

– Je suis désolé. En réalité, je dois t'avouer que tu as touché un sujet sensible. J'étais déstabilisé, et je ne voulais rien dire devant les autres. Je ne savais pas comment m'en sortir. Si tu savais comme j'ai honte. Je n'en ai pas dormi de la nuit.

Bronia saisit la salière machinalement et la reposa au milieu de la nappe, attendant que Casimir Dluski s'explique. Le pianiste avait commencé une fugue – un morceau que jouait sa mère, quand Bronia était enfant.

– Devenir médecin, dit-il, c'est le but de ma vie.

En un instant, Bronia oublia toute rancœur à l'égard de son camarade. Son cœur cognait dans sa poitrine, enivré de sentiments enflammés.

– Moi aussi, s'écria-t-elle sans prendre garde aux convives alentour, je veux devenir médecin depuis que je suis née !

Casimir Dluski sourit paisiblement. Il savait que toutes les Polonaises qui étudiaient la médecine à la Sorbonne – soit une vingtaine de plus chaque année – étaient à Paris parce qu'elles n'auraient pu suivre les mêmes études à Varsovie. Bronia n'était pas différente de Caroline ou des autres. Et cependant, quelque chose dans son énergie le touchait particulièrement. Il appréciait les individus animés d'un idéal, et cette jeune femme lui paraissait entière. Bien sûr, la médecine était un véritable sacerdoce. Les études étaient fort longues et parfois à peine soutenables, à cause des décès de patients et des dissections de cadavre. Mais il fallait reconnaître que peu d'étudiants étaient aussi passionnés que Bronia.

Leur conversation se prolongeait naturellement ; l'enthousiasme de la jeune femme avait mis Casimir Dluski en confiance.

– Je compte me spécialiser dans la lutte contre la tuberculose.

Bronia ressentit un élancement diffus – elle pensait à sa mère –, mais elle continua d'écouter.

– Nous devons inventer de nouveaux appareils pour livrer de meilleurs diagnostics, poursuivit-il avec ferveur. Mettre au point des méthodes efficaces afin de soigner les malades. Créer des lieux agréables pour prodiguer ces soins, aussi, parce qu'un tuberculeux doit souvent être hospitalisé pendant une longue période.

Bronia revoyait sa mère bien-aimée flottant dans son lit, les yeux vitreux et la respiration si rauque que les murs en tremblaient. Elle songeait à Marie aussi, avec son petit manteau noir dans le cimetière, au temps des derniers adieux, Marie qui avait pris sa main devant la tombe et l'avait tenue tout le temps de l'inhumation. Elle se remémorait leur père, enfin, tenant à peine debout, anéanti par la douleur. La tuberculose, Bronia l'avait vue de près. Mieux que quiconque, elle savait que les gens en mouraient. Pourtant, elle n'en soufflerait mot. Sa pudeur l'en empêchait.

– Il faut soigner les pauvres et les riches de la même façon, reprit Casimir en ouvrant un petit pain.

– C'est inouï, c'est exactement ce que je pense, moi aussi ! C'est d'ailleurs pour cette raison que je suis venue à Paris. Ma sœur Marie m'envoie de l'argent de Pologne.

– Est-elle... riche ?

Bronia éclata de rire.

– Ah non, je ne crois pas qu'on puisse dire ça...

– Tu es belle quand tu ris, souffla Casimir.

– Ma sœur me donne la moitié de son salaire, reprit Bronia, faisant mine de n'avoir rien entendu. Dès que je serai diplômée, elle me rejoindra et je l'entretiendrai à mon tour pour qu'elle fasse ses études de sciences physiques.

– Vous avez tout planifié ?

– Oui. D'abord moi, puis Marie, et un jour, nous serons toutes les deux diplômées de la Sorbonne.

– Quelle histoire ! fit Casimir, épaté.

Il plongea ses yeux bleus dans ceux de Bronia et se pencha légèrement vers elle, au-dessus de la table. Le serveur, qui venait ramasser les assiettes vides, fit discrètement demi-tour. Bronia avait trop chaud. Le haut de sa robe lui serrait le cou, son corset était devenu trop étroit, et son jupon lui collait aux cuisses.

Elle se remit à jouer avec la salière. Casimir, lui, se contentait de lui sourire.

Chapitre 8
Szczuki, été 1886

En Pologne, le début de l'été inondait la campagne, les champs de blé et les forêts de pin. Les poules d'eau passaient sur l'étang, laissant de longues traînées au milieu des étendues de lentilles vertes, tandis que les libellules aux ailes bleutées voletaient entre les roseaux. Les cigognes, à en croire les immenses nids installés sur le toit des chaumières, étaient remontées d'Afrique pour profiter de l'Europe. L'hiver n'était plus qu'un lointain souvenir. Six mois plus tôt, à l'arrivée de Marie, la nuit tombait deux heures après le déjeuner, il faisait un froid de gueux, et elle avait dû dormir avec une bouillotte. À présent, l'air était si chaud qu'on avait envie de faire la sieste tous les jours. Marie avait dû éloigner la table d'Andzia de la fenêtre pour ne pas avoir à faire cours en plein soleil.

Par un bel après-midi de la fin juin, Marie, Andzia et Bronka étaient parties dénicher les dernières fraises des bois de la saison. Au bord de la clairière de la forêt voisine, elles avaient fouillé au pied des fougères pour remplir un petit panier en osier. Ravies de leur cueillette, elles prenaient à présent le chemin du retour.

– C'est vrai que ce sont les cigognes qui apportent les bébés ? demanda Andzia à Bronka et à Marie.

– N'importe quoi, piaffa Bronka. Veux-tu que Marie te donne un petit cours de sciences naturelles sur la reproduction ?

– Je vais dire à maman que tu te moques de moi, grogna Andzia.

– Bronka a raison, dit Marie. Si tu veux, je t'apprendrai comment naissent les enfants.

– Normalement, rétorqua la petite, c'est monsieur le curé qui doit nous l'expliquer.

– Allez, proposa Bronka, la première à la maison !

Elles firent la course, prenant garde de ne pas renverser le panier de fraises. Marie avait de l'avance. C'était une sportive confirmée.

Depuis le perron, elle vit avancer la calèche qui conduisait les nouveaux venus de la gare à la propriété des Zorawski. L'été, cette calèche remplaçait le traîneau utilisé en hiver. Marie s'étonna car, à sa connaissance, on n'attendait personne. Peu à peu, elle distingua la silhouette d'un jeune homme assis sur la banquette. Lorsque la calèche s'arrêta, celui-ci en descendit et vint lui tendre la main :

– Bonjour, fit-il aimablement, je m'appelle Casimir Zorawski.

Bien sûr ! Comment avait-elle pu oublier ? Bronka lui avait pourtant expliqué que son frère, qui étudiait les mathématiques à l'université de Varsovie, rentrerait pour les vacances.

– Marie Sklodowska, répondit-elle rapidement, se fendant d'une légère révérence. Je suis la gouvernante de vos sœurs.

– Je sais qui vous êtes. Mes parents ne cessent de chanter vos louanges. Mon père m'a même écrit qu'il vous avait appris à jouer aux échecs. Si vous voulez, nous ferons une partie ensemble, un de ces jours.

Andzia courut se jeter dans les bras de son grand frère :

– Croquette ! s'écria Casimir Zorawski. Comme tu as grandi !

En le voyant rire aux éclats, tandis qu'il faisait tourner Andzia comme une toupie, Marie tomba instantanément sous son charme. Elle ne savait rien de lui mais, déjà, elle le trouvait extraordinaire. Lorsque Bronka les rejoignit, serrant son frère en une accolade chaleureuse, Marie fut définitivement subjuguée. Ces effusions familiales lui faisaient monter les larmes aux yeux, elle qui n'en avait plus connu depuis des mois.

La joyeuse fratrie entra bras dessus bras dessous dans la maison. Margarita avait préparé un goûter de roi. Las ! Marie, qui devait assurer son cours aux enfants des paysans, ne pouvait rester. Elle attrapa une tranche de brioche et s'en alla d'un pas joyeux vers la raffinerie.

Le soir même, après avoir dîné avec Andzia et Bronka, et au lieu de monter dans sa chambre où l'attendait son manuel de chimie, elle proposa à Casimir Zorawski une partie d'échecs.

– Je dois bavarder avec mes parents au salon, répondit le fils Zorawski, surpris. Vous comprendrez que c'est une réunion de famille…

Comme elle eut honte, soudain ! Paupières baissées, elle aurait voulu disparaître entre les mailles du tapis.

– Pardon, murmura-t-elle.

– Et puis, ajouta-t-il sur un ton amical, vous risqueriez de me battre. Et cela, je ne le supporterais pas.

Dès le lendemain, Casimir Zorawski revint vers Marie. Il avait bien dormi, et avait repris ses aises dans cette maison qui l'avait vu naître. Débordant d'énergie, il monta l'escalier quatre à quatre et frappa à la porte de la chambre d'Andzia. Sans attendre qu'on lui dise d'entrer, il apparut sur le seuil. Le cœur de Marie bondit dans sa poitrine. Casimir portait une chemise blanche en coton et un pantalon de cavalier. Il s'était taillé la barbe et sentait l'eau de Cologne.

– Marie, j'ai un souci en géométrie. Pouvez-vous m'aider ?

– Non, supplia la petite Andzia, c'est moi qui ai cours avec Marie. Tu viendras plus tard. Maintenant, c'est mon tour.

– Croquette, j'ai demandé à maman si je pouvais consulter mademoiselle Marie, et elle est d'accord. Je dois régler un problème pour mes examens d'astronomie.

– C'est quoi dastronomie ? demanda Andzia.

– L'étude des étoiles, répondit son frère.

– C'est pas des géométries, alors !

– Et comment tu calcules la distance entre deux planètes, cocotte ?

– Je ne suis pas une cocotte.

– Cocotte. Croquette. Courgette.

– Je vais dire à maman que tu nous embêtes.

– Andzia, intervint Marie, qui venait de retrouver l'usage de la parole, relis donc la fable que nous avons commencée lundi. J'arrive.

Casimir et Marie s'assirent sur le lit d'Andzia, laquelle, restée à son bureau, entreprit de réviser Jean de La Fontaine en poussant de grands soupirs. Casimir ouvrit le livre qu'il avait apporté et montra à Marie le théorème qui lui posait problème :

– Le voici, dit-il, assis près de Marie, tout en maintenant entre eux un espace pudique. En haut de la page de droite.

– Quel est votre problème ? demanda-t-elle, étudiant la formule mathématique qu'il tapotait du doigt.

– Je ne comprends pas ce que fabrique ce x ici.

– Sans ce x, la mesure est incomplète, regardez.

En trois lignes de calculs, elle lui dévoila les secrets du théorème.

– Doux Jésus ! lâcha-t-il, époustouflé.

– C'est pas bientôt fini, vos histoires ? s'énervait Andzia. Je m'ennuie.

– Personnellement, admit Marie en rejoignant la fillette, je préfère les sciences physiques et la chimie. Les mathématiques, c'est très abstrait.

– Pardon, répliqua Casimir, qui s'était levé à son tour, mais je ne suis pas vraiment d'accord. Les théorèmes que j'étudie à l'université permettent de calculer les mouvements des étoiles et des planètes. On appelle ça la « mécanique céleste ».

– Mécanique céleste, répéta Marie, rêveuse.

Elle n'avait jamais rien entendu d'aussi romantique.

– C'est drôle, fit remarquer Casimir Zorawski. Je ne savais pas que les filles aimaient les sciences.

– Votre sœur Bronka s'y intéresse beaucoup, observa Marie, les joues toutes roses.

– Bronka est un garçon manqué. Elle grimpe même aux arbres. Un véritable écureuil.

– Un écureuil ! hurla Andzia. Trop drôle !

– Si les filles pouvaient aller à l'université, expliqua Marie, il y en aurait un certain nombre. Elles étudieraient la botanique, l'agronomie, l'astronomie… Si les Russes nous y autorisaient, il y aurait la queue aux inscriptions.

– Jamais je n'avais songé à cela, concéda Casimir, stupéfait. Aurais-tu aimé faire des études, toi ?

– Bien sûr. Mais en Pologne, cela m'est interdit.

Andzia leva les yeux vers son frère d'un air sévère :

– Casimir, pour dire « tu » à mademoiselle Marie, tu dois demander la permission à maman. Bronka, elle la tutoie, mais j'ai juré de ne pas rapporter.

– C'est une décision que nous pouvons prendre sans consulter nos parents, sourit Casimir Zorawski. Si mademoiselle Marie n'y voit pas d'inconvénient, bien sûr.

Le jeune homme sortit de la chambre, non sans avoir remercié Marie pour son aide, et referma la porte. Perdu dans ses réflexions, il descendit les marches. Obtenir des diplômes était pour lui une évidence. Une obligation, même. Jamais il n'avait pensé au fait que les filles n'avaient pas les mêmes droits que les garçons. Marie venait de lui ouvrir les yeux et, en dix minutes, de lui montrer qu'une jeune femme pouvait non seulement s'intéresser aux sciences, mais en plus s'y montrer fort compétente. Il était sous le choc.

– Ton père t'attend, lui dit sèchement sa mère au bas des marches. Cesse donc de traîner avec les enfants, et dépêche-toi de le rejoindre à la raffinerie.

Le jeune homme, en effet, n'était pas rentré de Varsovie cet été uniquement pour se reposer. S'il étudiait les mathématiques et l'astronomie, c'était avec le projet de devenir ingénieur agronome, lui aussi. Un jour, il remplacerait son père sur l'exploitation ; du moins était-ce ce qui était prévu. Par conséquent, ses journées à Szczuki s'annonçaient bien remplies : il devait apprendre à gérer, à cultiver et à transformer les deux cents hectares de betteraves à sucre, à diriger les laboureurs, les agriculteurs et les ouvriers de la raffinerie, à s'entretenir avec des ingénieurs, des inspecteurs, des négociants.

Sa mère veillait à ce qu'il prenne ses obligations familiales au sérieux. L'avenir de ses filles serait assuré si elles trouvaient un bon parti. Son fils, lui, devait embrasser la carrière de son père. L'exploitation de Szczuki, en effet, représentait une véritable manne financière. Elle faisait très bien vivre l'ensemble de la famille Zorawski, et leur conférait un statut social des plus enviables. Tout cela ne pouvait s'obtenir qu'à force d'efforts, d'expérience et de labeur. Casimir Zorawski le savait et s'en accommodait volontiers. Il n'avait jamais eu d'autre perspective que celle de marcher dans les pas de son père pour transmettre à son propre fils, un jour, la terre et l'usine de betteraves. Attaché à ses racines, épanoui parce que les études qu'il devait suivre le passionnaient réellement, ravi de passer l'été à la maison, il était en pleine forme. Et maintenant, cette charmante gouvernante ! Que demander de mieux ?

À se retrouver après leurs travaux respectifs, en compagnie de Bronka et d'Andzia, Marie et Casimir Zorawski se rapprochaient de façon très naturelle. Ils se promenaient dans les bois, trempaient leurs pieds dans la rivière, et débattaient sans fin de questions scientifiques, au grand dam d'Andzia, que ces discussions d'adultes ennuyaient au plus haut point. Marie avait le sentiment qu'elle et Casimir Zorawski se comprenaient et que, ensemble, ils ne s'ennuyaient jamais.

Souvent, Casimir Zorawski parlait de sujets touchant à l'agriculture. Un jour, il expliquait la nécessité de planter les graines à une certaine profondeur ; un autre jour, qu'il était indispensable de prédire le climat et de mesurer la force du vent. Pour l'impressionner à son tour, Marie racontait ce qu'elle avait appris dans les manuels de chimie empruntés à la raffinerie : que l'or et le cuivre étaient les seuls métaux qui n'étaient pas gris, que si l'on plongeait une lame de zinc dans une solution aqueuse de sulfate de cuivre, cela donnait des dépôts de cuivre.

Malheureusement pour Marie, elle ne se trouvait jamais seule avec son séduisant mathématicien. Bronka et Andzia les collaient comme de la résine – impossible de s'en débarrasser. Évidemment, Marie ne pouvait pas leur demander d'aller jouer ailleurs. Son travail était de s'occuper des deux filles, pas de s'isoler avec leur frère.

Le soir, pourtant, dans son lit, Marie envisageait mille prétextes pour s'éclipser avec Casimir. Il aurait pu lui apprendre à manier la barque sur la rivière ? Mais Bronka savait que Marie était déjà experte en ce domaine. Lui faire visiter la raffinerie ? Elle s'y rendait plusieurs fois par semaine pour enseigner aux petits paysans. Elle ne pouvait quand même pas frapper à la porte de sa chambre au beau milieu de la nuit, quand tout le monde dormait. Si on la découvrait, elle serait renvoyée sur-le-champ. En outre, il y avait toujours le risque que lui-même le prenne très mal, et n'ait pas envie de la voir. Dans ce cas, le scandale serait assuré. Marie devait-elle lui écrire une lettre, et mettre ses sentiments à nu ? Et si quelqu'un interceptait cette lettre ? Et si Casimir la montrait à Bronka ? S'il se moquait d'elle ?

Marie était amoureuse. Et lui ? Elle n'en savait rien. Pensait-il à elle quand ils n'étaient pas ensemble ? Quand il travaillait dans les champs ? Quand il aidait Margarita à rassembler les oies ? Quand il ôtait sa chemise le soir avant de s'asperger le visage ? L'aimait-il comme elle l'aimait lui ?

***

Les voisins organisaient un nouveau bal pour célébrer l'été. Cette nouvelle n'enthousiasmait guère Marie, échaudée qu'elle était par sa première expérience. Elle n'avait aucune envie d'être de nouveau humiliée par des pimbêches hautaines et bêtes comme leurs pieds. Elle décida de ne pas y aller, et d'en profiter pour terminer de lire le manuel consacré aux courants électriques qu'elle n'avait pas ouvert depuis une semaine. Dans une lettre à Bronia, elle se confiait : « *Bronka insiste pour que j'aille à ce bal, mais cela ne me dit rien. Je connais les écervelées qui s'y trémoussent. Leurs centres d'intérêt sont stupides, leur attitude hautaine. Je me fiche de savoir si elles vont se divertir à Venise, ou au Pérou. Pour moi, les seules conversations valables sont celles qui font réfléchir.* » N'ayant pas de papier buvard à portée de main, elle soufflait sur l'encre pour la faire sécher plus vite lorsqu'elle entendit la voix de Bronka derrière la porte.

– Marie, es-tu prête ? Pouvons-nous partir ? Je peux entrer ?

Bronka avait passé une longue robe jaune pâle, et des rubans couleur de jonquille ornaient ses cheveux.

– Que fais-tu ? s'enquit Bronka, découvrant Marie dans la robe grise et terne qu'elle portait en cours.

– Je préfère rester ici et travailler. Je te souhaite une bonne soirée.

– Tu te moques de moi ? se fâcha Bronka. J'ai supplié ma mère pendant des heures pour que tu aies le droit de venir.

La voix de son frère se fit alors entendre de dehors :

– Hé oh ! Vous descendez ? C'est pour aujourd'hui ou pour demain ?

Marie se leva et se pencha à la fenêtre. Casimir Zorawski attendait devant la maison, vêtu de son habit de soirée : veste queue-de-pie et pantalon noirs, souliers vernis, chemise blanche à col cassé, nœud papillon blanc – il était si beau qu'elle manqua passer par-dessus bord. Il se tenait au milieu de la cour, debout sous la lune, les yeux levés vers elle tel un prince charmant. Si les cheveux de Marie avaient été plus longs, elle les aurait laissés tomber au sol afin qu'il s'en saisisse pour grimper jusqu'à sa fenêtre, et vienne enfin lui donner le baiser dont elle rêvait toutes les nuits. Cependant, et contrairement aux héros des légendes, ce prince charmant montrait son impatience :

– Nous allons être en retard au bal, Marie ! Es-tu avec ma sœur ?

– Nous venons tout de suite, mentit-elle.

– Change-toi vite, la pressa Bronka en lui tendant un cintre avec une longue robe lavande.

– C'est un peu terne, hésita Marie qui, pour une fois, aurait aimé une couleur plus soutenue.

– Dépêche. Nous n'avons pas le temps de faire l'inventaire de toute mon armoire pour nous lancer dans des essayages. Celle-ci sera parfaite. Elle va bien avec tes yeux.

Bronka et Marie retrouvèrent Casimir, déjà installé dans la calèche. Marie, qui s'était hâtivement fait deux tresses en dévalant l'escalier, se sentait fade. Un soir de bal, il est moins utile d'être brillante que d'être bien habillée. Surtout lorsque l'on se rend à cette fête avec un garçon extraordinaire. Lorsque Casimir Zorawski regarda ailleurs, admirant les chevaux qui galopaient dans un champ, elle se pinça les joues et se mordit les lèvres pour se donner un peu de couleur.

En arrivant au bal, Marie vit les demoiselles invitées, belles et finement apprêtées. Leurs chignons savants dévoilaient de luxueuses boucles d'oreilles, leurs toilettes de soie étaient assorties à leurs escarpins, et leurs pas légers sur le parquet ciré suivaient la cadence de l'orchestre. Madelia, dont Marie se souvenait qu'elle skiait dans les Carpates et visitait Venise, portait une robe de mousseline blanche très serrée à la taille. Ses cheveux étaient relevés et, sur les côtés, des bouclettes encadraient son visage. On aurait dit un tableau. Elle aborda Casimir Zorawski sans l'ombre d'une hésitation.

– Bonsoir, monsieur l'étudiant, minauda-t-elle en tripotant une de ses boucles blondes.

– Madelia ! Comment vas-tu ?

– Tu sais que j'adore la saison des bals. Me voilà donc parfaitement heureuse.

– Tant mieux, répondit le jeune homme.

– Toutefois, poursuivit la jeune fille, je suis un peu vexée, car tu n'as pas cherché à me voir depuis ton retour de Varsovie. Que dois-je en déduire ?

– Je travaille avec mon père, fit Casimir Zorawski pour se justifier.

– Même à l'heure du thé ?

– Je suis confus, Madelia, mais il est vrai que la raffinerie fonctionne aussi le soir.

Madelia remarqua Marie, occupée à observer une bougie sur un chandelier, et à se demander pour quelle raison chimique la flamme était bleue à la base, et jaune au sommet.

– Ciel ! s'esclaffa Madelia, la gouvernante ! N'as-tu pas peur qu'elle ne s'ennuie ici ?

– Pourquoi ? demanda naïvement Casimir. Peut-être Marie aime-t-elle la saison des bals, elle aussi ?

Madelia éclata de rire, et fixa Casimir Zorawski de ses yeux de biche. Elle était sensuelle, téméraire et directe. « Quelle chance d'être si sûre de sa place dans la société, de sa parfaite légitimité sous les lustres dorés, dans cette salle de bal confortable et clinquante ! » songeait amèrement Marie.

Assaillie de complexes, Marie était en train de se dire qu'elle n'aurait jamais dû venir. Elle aurait voulu disparaître dans un trou de souris.

Une valse allait débuter ; Madelia fit mine de contempler l'orchestre.

– Veux-tu danser ? demanda Casimir Zorawski.

– Comment ?

– Veux-tu danser, Marie ?

C'était bien à elle qu'il s'adressait : avec son plus beau sourire, tout en lui tendant la main droite pour la conduire sur la piste.

– Invite plutôt Madelia, rétorqua Marie, qui ne bougeait pas.

– Pourquoi ?

« À ton avis ? songea Marie. Madelia est magnifique, toi aussi… Ne devriez-vous pas être ensemble ? Je n'ai pas besoin de ta pitié. »

– On dirait qu'elle t'attend, répondit Marie.

Madelia observait Casimir comme s'il avait perdu la tête, ou qu'il avait soudain été frappé de myopie. Que faisait-il à côté de la gouvernante ?

– Madelia peut attendre, dit-il. C'est avec toi que j'ai envie de danser. Viens.

Grâce à ses folles heures passées à danser la mazurka chez ses cousins après le baccalauréat, Marie ne tarda pas à reprendre confiance.

Elle avait posé sa main gauche sur l'épaule droite de son cavalier, la droite dans sa main gauche. Tandis qu'il la tenait par la taille, elle sentit le rythme qui les unissait. Rien n'allait de travers. Rien n'était incohérent, ni empoté. Ils glissaient sur le parquet, leurs deux corps en parfaite harmonie. Rien n'existait plus : ni Madelia, ni les convives, ni les serveurs en livrée qui, portant des plateaux chargés de coupes en cristal, manquaient de se cogner aux danseurs.

– Suis-moi, proposa soudain Casimir Zorawski à Marie lorsque cessa la musique.

Le cœur de la jeune fille battait à tout rompre. Ils quittèrent la salle de bal en un clin d'œil, traversèrent le vestibule à pas de loup et sortirent furtivement dans le jardin.

Le jeune homme entraîna Marie derrière la maison, loin des fenêtres et des lumières de la soirée. La lune éclairait leurs visages. Il serra Marie contre lui, se pencha, approcha ses lèvres et, délicatement, longuement, avec une infinie tendresse, l'embrassa.

– Je t'aime, Marie.

– Moi aussi.

Ils s'embrassèrent encore. Personne n'était là pour les déranger. Seule la lune les regardait, et une poignée d'étoiles. Au loin s'agitaient les violons de la fête mais, de tout son corps, Marie vibrait d'une autre et seule mélodie, celle de l'amour.

Chapitre 9
Paris, 1887

Plusieurs fois par semaine, Bronia et Casimir Dluski se rendaient à la bibliothèque Sainte-Geneviève. Assis de part et d'autre d'une longue table en bois, ils y passaient des heures, révisant avec assiduité leurs cours de médecine.

Contrairement aux autres bibliothèques universitaires du quartier, celle-ci, grâce à ses quarante fenêtres, était lumineuse, et c'est pourquoi elle avait leur préférence. S'il faisait sombre, on utilisait l'éclairage moderne au gaz.

Casimir Dluski avait confirmé à Bronia qu'il désirait devenir pneumologue afin de travailler à un traitement de la tuberculose. Elle ne l'en avait trouvé que plus attirant. Il voulait faire œuvre utile pour l'humanité, ce qui correspondait bien aux convictions de Bronia. De son côté, elle envisageait toujours de se spécialiser dans la médecine des femmes. « Le progrès, pensait-elle, passerait aussi par les soins aux femmes enceintes. » Il s'agissait d'offrir aux futures mères – et aux enfants qu'elles mettraient au monde – un accouchement sûr.

Le soir, les deux étudiants redescendaient à pied vers leurs logements respectifs. Casimir Dluski insistait pour raccompagner Bronia jusqu'à la porte de son immeuble. Il lui faisait le baisemain et claquait des talons avant de disparaître dans la nuit parisienne, tel un gentleman. « Quelle éducation ! se disait Bronia, épatée. Que de bonnes manières ! » Mais en attendant, à force de bonnes manières, il n'avait toujours pas essayé de lui donner un baiser.

Bronia ferait-elle le premier pas ? Hors de question ! C'était bien au garçon, et non à la jeune fille, de prendre l'initiative.

En songeant à Marie, pourtant plus jeune qu'elle de deux ans et demi, Bronia avait l'impression d'avoir du retard. Marie lui avait écrit pour lui dire qu'elle aimait follement cet étudiant en mathématiques, Casimir Zorawski, et qu'il l'aimait aussi. Bronia, elle, soupirait après Casimir Dluski, mais rien ne pouvait la faire espérer qu'elle lui plaisait. Alors qu'elle le voyait quasiment tous les jours, et que de nombreux points communs, de toute évidence, les unissaient, le futur pneumologue semblait se contenter de leur amitié. À la taverne, où ils passaient de temps à autre, ils arrivaient ensemble, s'asseyaient avec Stanislas ou Caroline... et se mélangeaient au groupe en bons camarades. En son for intérieur, Bronia détestait que Casimir Dluski continue à s'intéresser à la serveuse et l'assaille de remarques indiscrètes :

– Dites-moi, Louise, lui glissa-t-il un jour avec un sourire que Bronia jugeait insupportablement niais, je vous trouve un air bien coquin, depuis quelque temps. Je parie que vous avez un nouveau fiancé.

Bronia essayait de se consoler : comme beaucoup d'hommes, sans doute, Casimir Dluski avait l'habitude d'enquiquiner les femmes – seul son père ne s'était jamais comporté ainsi. Et cependant, plus Casimir plaisantait avec la serveuse de la taverne, plus Bronia avait le cœur triste. Elle savait qu'il ne lui appartenait pas, et que la jalousie est un bien piètre sentiment, mais elle détestait le voir accorder autant d'attention à une autre qu'elle.

Pourtant, c'était avec Bronia que Casimir partageait ses secrets. Un jour, il lui avait confié que la Pologne lui manquait horriblement. Et comme elle le comprenait ! Elle aurait fait n'importe quoi pour sauter dans le premier train et passer un dimanche avec son père. Ou pour rejoindre Marie dans ses champs de betteraves, et rencontrer le garçon dont sa petite sœur était amoureuse.

Sa nostalgie de la Pologne, elle ne l'exprimait pas. Il n'était pas dans ses habitudes de montrer ses émotions. Casimir Dluski, en revanche, était un extraverti. Un soir, alors qu'ils étaient attablés dans un bistrot parisien, il sortit de ses gonds en lisant le menu :

– Non, s'écria-t-il, je ne veux pas de tête de veau vinaigrette ! Ni de bœuf bouilli. Je veux des raviolis fourrés aux choux, aux pommes de terre et aux champignons. Comme chez moi ! Avec une bonne vraie sauce épaisse. Je veux de gros cornichons fermentés et sucrés, pas leurs petits trucs tout fins, gorgés de vinaigre. Je n'en peux plus, de cette nourriture française. Ma fortune pour une côte de porc panée !

– Si j'avais une cuisine, je te préparerais un repas polonais, lui dit Bronia pour le calmer. Chou au lard, boulettes de viande hachée, truite en gelée, gâteau au pavot… Tu n'aurais qu'à choisir. Je connais toutes les recettes.

Casimir éclata de rire :

– Si seulement c'était vrai…

– Mais je ne t'ai jamais menti ! s'écria Bronia de façon un peu mélodramatique.

– Depuis quand une future médecin sait-elle cuisiner ?

– Chez mon père, répondit Bronia, c'est moi qui m'occupais de la maison. J'ai toujours fait la cuisine, pour nous et pour nos locataires. Je confectionnais des dîners pour dix personnes, tous les jours de la semaine, même le dimanche. Mes sœurs, Hela et Marie, sont totalement incompétentes. Ah, tu verrais Marie aux fourneaux ! Elle ne sait même pas faire une soupe de betteraves. Elle s'en moque, d'ailleurs. Elle pourrait se nourrir d'herbes et de racines, comme au temps de la préhistoire. Bien manger, c'est important, tout comme savoir préparer un bon repas.

– Il a de la chance, celui qui va t'épouser.

Bronia fit des yeux ronds et avala un verre d'eau sans respirer. Elle reposa le verre, puis relut attentivement le menu :

– Prends donc le hachis Parmentier, tu adores ça. Ou bien la raie au beurre noir, dont le goût ressemble à celui de notre carpe polonaise. Regarde, elle est servie avec des pommes de terre cuites à la vapeur.

– J'en ai assez d'être loin de mes racines, reprit Casimir Dluski, dont la voix déraillait un peu sous le coup de l'émotion. Je suis las de manger français, de boire français, de parler français. Je veux marcher le long de la Vistule à Varsovie, je veux qu'il fasse – 25° en janvier, et je veux faire une partie de cartes avec mes amis, dans ma taverne préférée, pendant que le violoniste joue un air traditionnel.

– Je te suis, approuva Bronia, ce serait merveilleux de rentrer à la maison et de retrouver ce qui nous est familier.

– Je te remercie de m'écouter ainsi, fit Casimir Dluski en s'essuyant le front avec le bas de sa manche. Je vis à Paris depuis près de sept ans, et je rêve continuellement de Varsovie. Heureusement que je peux en parler avec toi, je me sens moins seul.

– Pourtant, modéra Bronia, Paris est une ville très vivante, surtout en ce moment. N'as-tu pas lu les journaux ? Allez, viens. Nous dînerons un autre jour.

Sortant du bistrot comme une flèche, elle entraîna son camarade sur le boulevard. Ils grimpèrent dans un omnibus qui les conduisit au nord-ouest du Champ-de-Mars, près de la Seine. Arrivés à destination – et bien qu'ils ne puissent pas s'approcher, le site étant protégé –, ils découvrirent quatre immenses structures métalliques qui sortaient de terre.

– La fameuse tour ! s'exclama Casimir, authentiquement épaté. La tour de Gustave Eiffel qui doit être prête pour l'Exposition universelle. Incroyable !

– J'ai étudié les plans reproduits dans le journal : les quatre piliers que nous voyons constituent la base de la tour. Ensuite, elle s'affinera pour devenir de plus en plus pointue, et elle mesurera trois cents mètres de haut. Ce sera l'édifice le plus élevé du monde. Les gens pourront monter au sommet grâce à un ascenseur électrique.

– J'ai du mal à imaginer que ce sera aussi haut que tu le dis, s'extasia son compagnon. Bronia, si tu en es d'accord, je propose que nous revenions ensemble quand la tour sera terminée. Qu'en penses-tu ?

Il passa son bras autour de l'épaule de la jeune fille... avant de le retirer, à peine trois secondes plus tard :

– Merci, ma chère ! Avec cette visite, tu as réussi à chasser mes idées noires. Je ne sais pas comment je ferais sans toi. Tout à coup, je suis très content d'être à Paris et, tiens, je vais t'inviter sur-le-champ à déguster le meilleur pot-au-feu de la ville. Te rends-tu compte qu'avec toutes ces aventures nous n'avons même pas dîné ?

Ils prirent l'omnibus jusqu'au jardin du Luxembourg, puis marchèrent vers un petit restaurant où Casimir Dluski avait ses habitudes. Bronia se sentait toute chose. D'un côté, elle était bouleversée par leur complicité, et fière d'avoir rendu à Casimir son beau sourire. De l'autre, elle avait le plus grand mal à se contenter du lien fraternel qu'il avait instauré entre eux.

Mais elle ne dirait rien cependant, elle ne ferait rien. Pourtant, ce soir comme tant d'autres, la conversation lui prouvait qu'ils s'entendaient mieux que de simples amis. Ils parlèrent de Louis Pasteur, qui avait découvert, trois ans plus tôt, le vaccin contre la rage, et inaugurerait bientôt l'Institut portant son nom. Casimir évoqua Marie Pasteur, l'épouse du biologiste, qui assistait son mari dans tous ses travaux scientifiques. Il admirait beaucoup, disait-il, les couples de savants tels que les Pasteur. Et cette Caroline, leur amie polonaise, qui terminait sa thèse de médecine et venait de se fiancer à un médecin français ! Il faisait l'éloge des savants qui s'aimaient, et il ne pensait même pas à eux deux. À présent, Bronia avait envie de pleurer de rage.

Chapitre 10
Szczuki, 1887

Alors qu'à Paris Bronia fréquentait assidûment Casimir Dluski sans qu'il se passe rien entre eux, Marie, à Szczuki, devait endurer la situation quasi inverse : il lui était presque impossible d'être seule avec Casimir Zorawski. Les jeunes amoureux, en effet, devaient se montrer extrêmement prudents. Leur histoire d'amour était un secret. Seule Bronia était au courant, Marie lui ayant tout raconté dans une lettre. À Szczuki, personne ne savait rien.

Employée par monsieur et madame Zorawski, Marie, le plus naturellement du monde, continuait de donner sept heures de cours par jour à Andzia et à Bronka. Le soir venu, elle dînait tôt avec les deux filles… tandis que leur frère conversait au salon avec ses parents auxquels se joignaient, deux fois par semaine, des invités.

Du matin au soir, et jusqu'à l'infusion que Margarita apportait aux adultes après le repas, monsieur Zorawski profitait de la présence de son fils pour l'informer de ses futures responsabilités sur leur exploitation agricole, et vérifier que ce dernier était à la hauteur de la tâche qui l'attendait.

La rigidité de ce protocole ne manquait pas d'irriter Marie. Si l'on avait suivi son avis – qu'évidemment elle gardait pour elle –, il aurait été plus logique que Casimir dîne avec elle et ses sœurs, ayant déjà travaillé avec son père dans la journée, et puisse ainsi se distraire un peu.

Toutefois, non seulement Casimir ne se rebellait pas, mais il jouait le jeu avec un parfait naturel. S'il conversait avec Marie dans le vestibule, par exemple, ou devant la porte de la cuisine, il la vouvoyait et la traitait comme une étrangère. La clandestinité n'amusait guère Marie. Rétive aux codes imposant une distance artificielle entre les êtres, elle supportait bien mal les règles austères du foyer Zorawski. En revanche, elle ne doutait pas le moins du monde de l'amour que lui portait Casimir.

Parfois, le hasard faisait qu'ils se retrouvaient seuls. Un soir, par exemple, Margarita et Marie étaient en train de bavarder dans la cuisine. Elles découpaient des fruits en quartiers sur une planche en bois lorsque Casimir Zorawski passa chiper du pain dans le garde-manger.

– Je n'ai pas assez de mirabelles pour la compote, constata soudain la bonne en s'essuyant les mains sur son tablier. Suis-je bête ! Il faudrait que j'y retourne, mais je dois surveiller ma marmite. Flûte !

Marie se leva aussitôt et prit le panier en osier :

– Ne bougez pas, Margarita, j'y vais.

– Permettez-moi de vous aider, mademoiselle Marie, proposa Casimir. À deux, nous serons plus efficaces.

Ils filèrent au fond du jardin où, derrière les arbres du verger, ils s'embrassèrent furtivement. Puis ils cueillirent les prunes jaunes en bavardant gaiement, impatients qu'une nouvelle occasion d'être seuls se présente.

Une autre fois, le jeune Zorawski dut se rendre à la raffinerie au moment même où Marie partait donner son cours aux petits paysans. Les jeunes amoureux avancèrent côte à côte sur le sentier, jusqu'à se trouver hors de vue de la maison. Sous les platanes, ils se jetèrent dans les bras l'un de l'autre.

– Marie, Marie, je suis tellement amoureux de toi, murmura Casimir en la couvrant de baisers chauds.

Dès qu'ils entendaient les sabots d'un cheval, les ordres d'un cavalier à sa monture ou le sifflotement d'un paysan, Marie et Casimir reprenaient leur souffle et faisaient mine de marcher vers la raffinerie d'un pas léger et innocent. Une fois que les passants s'étaient éloignés… ils s'arrêtaient de nouveau et se tenaient enlacés aussi longtemps que possible.

Deux étés de suite, Marie et Casimir s'accommodèrent de baisers volés et de regards langoureux. Les jours ensoleillés passaient sur Szczuki, gais et tranquilles. Bronka, Andzia, Casimir et Marie faisaient des concours de brasse dans la rivière, pique-niquaient parfois dans la clairière, et dévoraient les abricots mûrs tout juste tombés de l'arbre. Marie se sentait bien avec eux. À dix-neuf ans et demi, elle ne pouvait rêver mieux que de s'entendre ainsi avec les deux sœurs de celui qu'elle aimait.

– Mon frère et toi, vous êtes des amoureux, déclara subitement Andzia un matin.

– N'importe quoi.

– Bronka vous a vus quand vous vous êtes embrassés. Elle m'a fait jurer de ne rien dire à maman.

– Que dirais-tu, demanda Marie, si nous étions vraiment des amoureux ?

– Je serais contente, affirma Andzia. Tu te maries avec mon frère et comme ça, tu seras là pour toujours. Sinon, tu vas partir et aller à Paris.

Lorsque le mois d'août toucha à sa fin, Marie commença à ressentir une certaine angoisse. Bientôt, Casimir Zorawski devrait regagner la capitale, et entamer sa troisième année universitaire loin de Szczuki.

Comment imaginer qu'il ne serait plus là ? De la fenêtre, elle l'observait, arpentant le champ en compagnie de son père et d'un inspecteur du ministère de l'Agriculture. Il se pencha, arracha une betterave blanche, l'examina sous toutes les coutures, la tendit à l'agronome qui la mesura, la soupesa et prit des notes.

Marie aurait beaucoup de mal à ne plus le voir chaque jour.

Comme l'année précédente, elle se posait d'affreuses questions : ne risquait-il pas de l'oublier, à l'université ? Penserait-il encore à elle ? Les tentations d'une grande ville étaient nombreuses, elle le savait. Il pourrait rencontrer quelqu'un d'autre : la sœur d'un ami étudiant, la marchande des quatre-saisons… ou même Madelia puisqu'elle se rendait régulièrement à Varsovie pour commander de nouvelles robes.

Elle se trompait. Éperdument épris, Casimir ne voulait pas la perdre. Cette année, lorsqu'il avait vu septembre arriver si vite, il avait demandé à la bonne, qui le connaissait depuis sa naissance, de l'aider à se retrouver seul avec mademoiselle Marie. Au début, Margarita avait catégoriquement refusé :

– Attention, monsieur Casimir, ou vous aurez affaire à moi ! Gare à vos oreilles si vous vous avisez de toucher à cette petite ! Un malheur, ça vous tombe dessus aussi vite que l'éclair.

Il arrivait en effet souvent, à cette époque, que des jeunes femmes pauvres se retrouvent enceintes de riches héritiers, lesquels les abandonnaient ensuite à leur triste sort. Margarita savait que si cela se produisait, ce serait pour Marie la fin du monde. Monsieur et madame Zorawski la jetteraient dans la calèche avec sa malle en direction de la gare, et adieu. Un enfant accroché à ses jupes, Marie se retrouverait sans le sou et sans emploi. Sa réputation serait brisée, il lui serait impossible de se procurer un nouveau poste de gouvernante. Et, puisqu'elle ne pourrait plus financer les études de Bronia, cette dernière serait obligée de quitter Paris.

– Ce n'est pas ce que tu crois, Margarita, promit Casimir.

– Monsieur Casimir, cette petite Marie, c'est quelqu'un de bien. Si vous la faites souffrir, je ne vous le pardonnerai jamais.

– Au contraire, je t'assure. S'il te plaît, Margarita, j'ai besoin de ton aide. Je crois que mes parents nous surveillent et je dois parler à Marie le plus vite possible.

Le lendemain, alors que Marie descendait de la chambre de Bronka où elle venait de terminer son cours, Margarita sortit en trombe de la cuisine :

– Monsieur Casimir, le renard a encore volé deux poules ! Si c'est pas malheureux !

– Je vais aller voir ça, clama le jeune homme qui, muni d'un bâton, venait d'apparaître dans le vestibule. Mademoiselle Marie, si vous voulez apprendre à capturer un renard, suivez-moi.

– Maintenant ? Ne rôdent-ils pas plutôt en pleine nuit ?

– Pas forcément, commenta Margarita.

Casimir et Marie gagnèrent la basse-cour. Tout semblait parfaitement en ordre. Ne voyant aucune trace d'un prédateur, Marie se mit à compter les poules. Elles étaient seize, comme d'habitude, et picoraient leurs graines avec des caquètements stridents, dominés parfois par le cri du coq. De temps à autre, elles se couraient après et leurs plumes voletaient dans la poussière. Au loin, assis par terre, les paysans arrachaient des betteraves mûres.

– Il n'y a pas de renard, remarqua Marie.

– Je sais, avoua Casimir Zorawski.

– Tu vois ? Les poules sont au complet.

– Marie...

– Tout va bien, et tant mieux, poursuivait la jeune femme. Margarita a eu peur pour rien. D'ailleurs, la palissade est intacte. À moins que le renard ne soit entré en creusant un tunnel, et qu'il ne se soit enfui sans prendre de poule. Peut-être est-il venu voler des œufs. Crois-tu que les renards mangent des œufs ?

– Marie, veux-tu m'épouser ? lâcha soudain Casimir Zorawski, en la regardant avec impatience.

– Quoi ? murmura Marie, stupéfaite.

– Veux-tu devenir ma femme ? répéta-t-il.

– Oh ! Oui, oui, bien sûr, oui ! s'écria la jeune femme, les yeux brillants, en faisant des bonds sur place.

Elle aurait voulu le serrer contre elle, l'embrasser, se coller à lui. De la main, cependant, il lui fit signe de garder ses distances.

– Allons. Mes parents vont se demander où nous sommes.

Marie et Casimir repartirent vers la maison en marchant à deux mètres l'un de l'autre. Marie, qui souriait comme un ange, tourna la tête vers Casimir Zorawski. Le front perlé de sueur, son jeune fiancé avançait vers la maison, aussi raide qu'un adjudant de l'armée russe.

Chapitre 11
Paris, 1887

Au même moment, à Paris, Casimir Dluski invitait Bronia à dîner. Comme de coutume, il lui avait demandé de ne pas se préoccuper de l'addition. À présent, elle n'hésitait plus. Le père de Casimir, qui était fort aisé, lui avait envoyé de Pologne une belle somme afin de lui permettre de vivre à Paris à son aise, et le jeune homme ne pouvait imaginer en profiter seul. À la taverne des Gobelins, souvent, il payait pour ses camarades sans le sou. Tous savaient qu'ils pouvaient commander quelque chose à manger et faire porter la note sur l'ardoise de leur ami.

Bronia, bien sûr, ne tenait pas à abuser de la situation : elle choisissait toujours le plat le moins cher. Cette fois, cependant, elle se disait qu'il s'était montré bien formel. D'ordinaire, ils ne dînaient ensemble que parce qu'ils sortaient en même temps de la bibliothèque ; mais là, il avait prévu ce dîner plusieurs jours à l'avance – une première.

Il avait choisi un restaurant de luxe, le Café Riche, boulevard des Italiens. Après avoir commandé une terrine de foie gras suivi de deux truites, il se pencha vers Bronia :

– Nous nous entendons bien, n'est-ce pas ?

– Oui, approuva Bronia, qui ne comprenait pas pourquoi il semblait si tendu.

– Je ne vois pas un seul sujet sur lequel nous sommes en désaccord. Tu veux faire ta thèse de médecine ? Moi aussi. Tu envisages d'ouvrir ton propre cabinet médical ? Pareillement. Tu aimerais rentrer en Pologne un jour ? Excellent. Nous nous accordons sur tous les sujets.

Bronia crut deviner qu'il lui proposait un nouveau jeu, qui consisterait à faire la liste de leurs points communs. Enthousiaste, elle complétait l'inventaire :

– Nous aimons tous les deux les compositions de Chopin, fit-elle en comptant sur ses doigts, les romans d'Émile Zola… C'est ton tour.

– Comment ? s'impatienta Casimir. Laisse-moi continuer, pour l'amour du ciel. Où en étais-je avant que tu ne parles d'Émile Zola ? Comme si c'était le moment !

Il se tamponna le front avec sa serviette de table :

– Voilà, je me suis dit… Je voudrais… Si jamais…

Il passa sa main dans sa barbe, écarta sa mèche qui tombait sur ses yeux et reposa sa serviette.

– J'ai pensé… Veux-tu devenir ma femme ?

– Ta femme ? paniqua Bronia.

Il faut dire qu'il avait tout fait dans le désordre. Ne devait-on pas déclarer sa flamme puis s'embrasser d'abord ? Casimir Dluski se leva, repoussa sa chaise et tomba à genoux devant elle.

– Bronia Sklodowska, acceptez-vous de me prendre, moi, Casimir Dluski, pour époux ? Je vous chérirai fidèlement jusqu'à notre dernier souffle. Je vous le promets.

Rouge comme les pivoines qui ornaient les vases du Café Riche, Bronia se mit à rire :

– Lève-toi, dit-elle.

– Je resterai dans cette position jusqu'à ce que vous me disiez oui. Je commence à avoir une crampe dans la cuisse droite.

« *Alors, j'ai accepté,* écrivit Bronia à Marie. *Toi qui sais que je l'aime depuis des siècles, envoie-moi tes félicitations ! Je suis fiancée ! Quel bonheur ! Qu'en dis-tu, ma chère Marie ? Je vais devenir madame Sklodowska-Dluska !* »

Sans tarder, Bronia dut également informer leur père. Non seulement elle tenait absolument à partager son bonheur, mais il fallait aussi choisir une date de mariage qui convienne à sa famille. Bronia aurait adoré se marier à l'église de son baptême, rue Freta, à Varsovie. Mais c'était impossible. Casimir Dluski ne pouvait toujours pas rentrer à Varsovie – les Russes l'arrêteraient aussitôt, il risquait la peine de mort. Ils devaient donc se marier à Paris. Bronia espérait que sa famille pourrait faire le voyage. Hors de question de signer le registre de la mairie en leur absence. « *Comme c'est drôle,* lui répondit Wladyslaw de sa belle écriture, après l'avoir félicitée. *Marie et toi, vous êtes toutes les deux fiancées à un Casimir.* »

***

La lettre de Marie qui arriva ensuite chez Bronia renfermait une bien mauvaise nouvelle : monsieur et madame Zorawski s'opposaient au mariage de leur fils avec Marie. Leur refus était catégorique : « *Ils lui ont expliqué qu'il devait épouser une femme d'un bon milieu,* écrivait Marie, *et je suis trop pauvre. Je ne suis pas assez bien pour lui. Je ne conviens pas. Il est reparti pour Varsovie et je n'ai plus envie de rien.* »

Bronia était furieuse. Marie n'avait rien fait de mal. Que pouvaient-ils donc lui reprocher ? Rien. Ils la trouvaient désargentée ? Mais quel rapport entre l'amour et le compte en banque ? Les Zorawski avaient-il perdu la tête ? Quelle importance, que Marie et leur fils ne soient pas issus du même milieu social ? Puisqu'ils s'entendaient sur tout ! Bronia savait que Marie était sérieuse, brillante, dévouée aux gens qu'elle aimait. C'était la belle-fille idéale. Bronka et Andzia n'avaient-elles pas réalisé des progrès extraordinaires grâce à elle ? Et les petits paysans analphabètes, garçons et filles ? Avant l'arrivée de Marie, ils ne savaient même pas qu'il faut se laver les mains après avoir été avec les bêtes.

Bronia mit de l'eau à chauffer dans sa bouilloire en laiton. Son père lui avait envoyé à Paris un paquet de thé de Varsovie. Tout en disposant les feuilles, elle tentait de se calmer. Elle était réellement très en colère. Elle inspirait le plus longtemps possible, expirait, recommençait en gonflant ses poumons et en les creusant de toutes ses forces.

Malheureusement, et elle le savait, les Zorawski ne changeraient pas d'avis. Des parents aussi fermés ne s'ouvrent pas. Eux-mêmes avaient dû se rencontrer au bal, ou lors d'une chasse à courre. Au sein de cette société mondaine, les jeunes gens participaient à de nombreuses activités conviviales afin de choisir leur futur conjoint. Une union de nature intellectuelle, comme celle qui liait Marie et Casimir Zorawski, était tout bonnement impensable. Dans les cercles qu'ils fréquentaient, la seule fusion qui importait était celle des patrimoines.

Le thé avait infusé. Bronia s'assit sur son lit en fer, la tasse chaude entre ses mains. Elle s'était calmée. Elle savait que Marie devait se résigner. Un temps, cependant, elle imagina que les Zorawski aient accepté. Marie serait-elle quand même venue à Paris pour ses études ? Peut-être pas. Peut-être jamais.

Plus certainement, elle aurait passé sa vie entière dans une ferme de betteraves à sucre, mariée à un ingénieur agronome très occupé. Pour continuer à se perfectionner en chimie, puisque telle était sa passion, elle aurait attendu que les ingénieurs déposent de nouveaux manuels dans la bibliothèque. Sa vocation savante serait peu à peu devenue un passe-temps, un simple divertissement. Elle aurait été occupée par les bals, les parties de bridge et de croquet, elle aurait peu à peu laissé les livres de côté. Le pacte des deux sœurs, dont l'idée, au départ, émanait d'elle, aurait été jeté aux oubliettes. « Tout compte fait, se dit Bronia, le refus des Zorawski était peut-être une aubaine. » Au lieu de se métamorphoser en une épouse bourgeoise, organisant des réceptions clinquantes, Marie allait, comme l'espérait leur père, « devenir quelqu'un ».

***

Mais l'intéressée, bien sûr, avait du mal à voir les choses aussi rationnellement que sa sœur. À la suite du refus des parents Zorawski, elle était tombée dans un profond désespoir. Vivre dans cette belle maison avait fini par lui sembler parfaitement naturel. Elle s'entendait si bien avec les membres de cette famille ! Lorsque son grand amour l'avait demandée en mariage, elle avait cru au bonheur. Et puis patatras !, son rêve s'était brisé en mille morceaux. Depuis que monsieur et madame Zorawski avaient signifié à leur fils, à huis clos, qu'il devait cesser tout contact avec elle et renoncer à son idée de mariage, elle ne l'avait pas revu. Elle avait reçu l'ordre de rester dans sa chambre jusqu'à ce qu'il soit parti. À présent, il était loin : à Varsovie.

Marie ne se sentait bien qu'avec Margarita. Un soir que les Zorawski étaient sortis dîner, elle la rejoignit dans la cuisine. La bonne ferma la porte et, aussitôt, la jeune femme fondit en larmes.

– Margarita, dit-elle en sanglotant, je te jure sur la sainte Bible que je n'ai rien fait de mal.

– Je sais, Marie, répondit la bonne en lui tendant un mouchoir. Ce n'est pas ça.

– Mais quoi, alors ?

– Pour eux, tu seras toujours une gouvernante de passage, et sans le sou.

– Pourquoi auraient-ils besoin d'une belle-fille fortunée, puisqu'ils ont de l'argent ?

– Monsieur Casimir épousera une fiancée de son rang. Du même monde que lui, si tu veux. Attends, je vais te faire une infusion.

– Si seulement ses parents voyaient la réalité telle qu'elle est ! soupira Marie. Nous nous aimons, n'est-ce pas tout ce qui importe ?

Margarita reposa la bouilloire et se retourna :

– Les mariages d'amour, ça n'existe pas.

– Si, mes parents ! Ma sœur Bronia, qui vient de se fiancer ! (Marie réfléchit un instant.) Je devrais démissionner et rentrer chez mon père.

– Reste, Marie, il faut bien gagner son pain. Allez, tiens, voici une tisane bien chaude. Le tilleul, c'est bon pour le sommeil. Il va falloir reprendre ton teint de jeune fille si tu veux rencontrer un autre gars.

– Je ne veux pas. Jamais.

– Bois, Marie, les nuits blanches, ça sert à rien contre les chagrins d'amour.

Marie reprit donc son service de professeure auprès d'Andzia et de Bronka. La cadette ne semblait guère affectée par la situation. Personne ne lui avait raconté la colère de ses parents lorsque son frère leur avait dit qu'il désirait épouser Marie, et elle était trop jeune pour comprendre ce qui se jouait en coulisses. Bronka, quant à elle, commençait à se montrer plus distante. Elle aurait aimé que Marie devienne sa belle-sœur, mais elle savait que c'était là une pensée saugrenue, comme si elle-même avait convolé avec le palefrenier, le cocher ou le contremaître. Marie était leur gouvernante, elle devait le rester, et faire ce pourquoi on la payait, c'est-à-dire donner des leçons.

L'ambiance, peu à peu, se détériorait. Les filles n'avaient plus le goût à gambader dans les champs, comme elles le faisaient encore il y a peu. En dehors des cours, qui leur permettaient d'oublier toutes ces tensions, elles étaient toutes les trois devenues fort maussades.

Même le bal des voisins appartenait au passé. Bronka n'osait plus la convier. Dans la région, tout le monde avait entendu parler des fiançailles ratées de Casimir Zorawski avec la gouvernante. Comme on avait ri ! Les gens adorent se gausser de ceux qui s'aiment. Jamais ils n'avaient vu une affaire pareille. « Qu'a-t-elle bien pu inventer pour le séduire ? disaient les mauvaises langues. Inouï ! Heureusement que les Zorawski ont eu un peu de jugeote ! C'est une belle mésalliance, qu'on a évitée là ! »

Marie se contentait de rester à la maison, exécutant sa tâche telle une automate. La seule revanche qu'elle pouvait prendre sur les snobs de Szczuki, c'était de rendre Andzia et Bronka si intelligentes qu'elles auraient envie de changer le monde dans lequel elles étaient nées. Aussi s'appliquait-elle à leur enseigner l'histoire et la géographie, la littérature polonaise et la grammaire française, les équations mathématiques et les formules chimiques. Les gens instruits – elle en restait persuadée – sont plus fins et plus utiles que ceux laissés dans l'ignorance.

– Mademoiselle Marie, l'interpella madame Zorawska, un matin. J'ai constaté que mes deux filles s'intéressaient de plus en plus aux matières les plus ardues. À part cet épisode grotesque avec leur frère, nous sommes enchantés de vous avoir à notre service. Vous êtes pardonnée.

Les saisons passaient sur la campagne polonaise. Margarita s'énervait parce que les corbeaux avaient volé les cerises. Andzia avait reçu une nouvelle jument. Bronka aimait le cousin de Madelia. Les betteraves poussaient et partaient se liquéfier en sucre raffiné. En novembre 1887, Marie eut vingt ans. Mais elle voyait tout en noir : *« J'avais l'ambition de travailler pour le peuple,* écrivit-elle à Bronia, *et c'est à peine si j'ai pu apprendre à lire à une douzaine d'enfants du village. Ah, mon Dieu, que c'est dur ! »* Son cœur était froid comme du marbre. Elle croyait en l'idée que l'on a un seul amour dans sa vie, et que le sien, c'était Casimir Zorawski.

***

Un soir, au début du mois de juillet 1888, Marie suivit des yeux une calèche qui rentrait de la gare. À l'intérieur, elle reconnut Casimir. Il revenait. Les chevaux filaient au galop, fouettés par un cocher intrépide. Le cœur endormi de Marie se réveilla, comme s'il se rappelait soudain ce que c'était que de battre. Tous ces mois à faire semblant, à tenir son rang de gouvernante, s'envolaient d'un coup en poussière ! Car voici qu'approchait l'homme qu'elle aimait à la folie. Elle aurait pu crier, hurler, sortir par la fenêtre et descendre en glissant le long du platane pour courir se nicher dans ses bras. Bien sûr, elle ne fit rien de tout cela. Elle était l'employée de ses parents, pas sa petite amie, et encore moins sa fiancée. « Surtout, se disait-elle, pas de faux pas. » Elle imaginerait des ruses pour le voir secrètement pendant les longues semaines de juillet et d'août... Lorsqu'elle entendit l'horloge sonner l'heure du dîner, comme d'habitude, elle sortit de sa chambre pour rejoindre Andzia et Bronka.

– Ah ! mademoiselle Marie, s'exclama madame Zorawska, qui l'attendait au pied de l'escalier. Nous nous passerons de vos services durant l'été. Mes filles ont bien trop à faire avec les parties de croquet et les pique-niques. Allez donc voir votre père à Varsovie, il en sera fort heureux. Vous reviendrez en septembre.

– Mais madame...

– Notre cocher vous conduira au train demain, à 6 heures. Veuillez préparer vos bagages, je vous prie.

Quelle tragédie ! Marie sentit une douleur fulgurante lui cisailler le ventre. Ainsi, ses employeurs s'arrangeaient pour qu'elle ne voie pas leur fils. Ils l'excluaient. Ils l'expulsaient. Ils l'effaçaient.

Ce soir, quoi qu'il arrivât, elle devait absolument lui parler.

Margarita leur arrangea un rendez-vous secret. Ils filèrent le plus loin possible, à l'orée du bois.

– Marie !

– Casimir !

Il la prit dans ses bras :

– Tu m'as tellement manquée... Écoute, j'ai réfléchi. Nous allons nous retrouver tous les jours après le déjeuner derrière la rangée de bouleaux, le long de la rivière, là où nous avons construit une cabane avec Andzia...

– Non, hélas, c'est impossible. Je pars demain matin. Ta mère ne souhaite pas que je reste pendant les vacances.

– A-t-elle... a-t-elle réellement pris cette décision ?

– J'ai attendu nos retrouvailles pendant des mois, admit Marie, au désespoir. J'ai tenu bon parce que je savais que j'allais te revoir, et...

– Marie... murmura seulement Casimir Zorawski, effaré par la cruauté de sa mère.

– Je ne peux pas rester. Je dois partir, et toi, tu resteras ici...

Il la serra contre lui. Elle respirait son parfum, écoutait son cœur, caressait le tissu de sa veste. Elle voulait conserver en elle tous les détails, tous les souvenirs, pour le moment où ils seraient séparés. La largeur de ses épaules, la texture de ses cheveux, la peau de ses joues mal rasées. L'un contre l'autre, ils s'allongèrent dans l'herbe séchée, sous le ciel piqueté d'étoiles. Chaque minute semblait à Marie plus intense que la précédente. Voilà exactement comment elle voulait passer le reste de sa vie.

– Je t'aime encore, souffla-t-il. Je t'aimerai jusqu'à ma mort.

– Qu'allons-nous faire ? demanda Marie d'une voix douce.

Aveuglée par son romantisme, elle espérait encore l'impossible : demain à l'aube, Casimir allait fuir avec elle pour se marier à Varsovie. Ou peut-être manigançait-il un immense scandale : au petit déjeuner, il exigerait de ses parents que Marie reste à Szczuki, et devienne sa femme malgré leur volonté.

Il caressait les cheveux de Marie en silence.

– Je ne puis m'opposer à la volonté de mes parents, avoua-t-il tout à coup. Il n'y a rien à faire.

Autant lui jeter un grand bac d'eau glacée au visage. En l'espace d'une seconde, il avait éteint ses rêves. Elle se redressa et le contempla, éperdue.

– La volonté de mes parents est souveraine, répéta-t-il, penaud, malheureux. Tu dois comprendre.

– Mais... Qu'allons-nous devenir ?

– Je suis désolé, Marie. Si tu savais comme je suis désolé.

– Est-ce ainsi que tu m'aimes ? s'écria-t-elle, l'âme transpercée de flèches.

– Ne gâchons pas notre nuit secrète, dit-il gentiment en lui prenant le coude pour qu'elle se recouche dans l'herbe.

Elle se blottit contre lui en pleurant. Il n'y avait plus de miracle à attendre, elle le savait. Alors, elle décida de profiter du peu de bonheur qui lui était accordé. À l'aube, elle grimpa furtivement dans sa chambre, fourra ses affaires pêle-mêle dans sa malle, puis s'endormit dans la calèche qui la conduisait à la gare.

Peu de temps après, à Varsovie, son père obtint un emploi stable. Grâce à son salaire, il allait se charger d'envoyer de l'argent à Bronia. Marie n'avait plus besoin de retourner dans les champs de betteraves de Szczuki.

Chapitre 12
Paris, 1890-1891

Le 4 septembre 1890 fut le grand jour de Bronia et de Casimir Dluski. À 11 h 40 précises, ils allaient se dire « oui » à la mairie du Vᵉ arrondissement de Paris, place du Panthéon. Bronia avait écrit à Marie pour l'inviter à la cérémonie :

« *Il serait absurde d'attendre plus longtemps ! Souviens-toi que j'ai vingt-cinq ans – ce qui n'est rien –, mais que lui en a trente-cinq, ce qui est plus grave.* »

Marie, Hela, Josef et leur père avaient donc fait le voyage depuis la Pologne.

Dans la salle des mariages, l'adjoint au maire prononçait les termes très formels inscrits dans la loi française : « *Après avoir interpellé les futurs époux, nous leur avons demandé s'ils voulaient se prendre pour mari et pour femme et chacun d'eux ayant répondu affirmativement à haute voix, nous avons prononcé au nom de la loi que Casimir Dluski et Bronia Sklodowska sont unis par le mariage.* »

C'était une belle journée, et Marie faisait semblant d'être gaie. En réalité, son moral était toujours au plus bas. Assister à un mariage n'est pas l'idéal pour qui vient de subir une rupture amoureuse, et ce n'était qu'au prix d'immenses efforts que la jeune fille se forçait à sourire, à manger, à parler.

La cérémonie achevée, Bronia lui fit visiter l'appartement où elle allait s'installer avec son époux. À son arrivée, d'ici un an, Marie y aurait sa chambre et Bronia pourrait enfin rendre à sa petite sœur ce qu'elle lui avait donné en lui offrant le gîte et le couvert, le temps qu'elle fasse ses études.

Casimir Dluski s'était arrêté sur un appartement situé rue d'Allemagne, près de la porte de la Villette, à la sortie de Paris. Le choix était réfléchi. Depuis peu, Casimir était officiellement médecin et pouvait donc commencer à exercer. Mais où ? Tout comme Bronia, il désirait mettre ses compétences au service des plus pauvres. Or la porte de la Villette était l'endroit où étaient installés les abattoirs, ce qui en faisait l'un des quartiers les plus insalubres de la ville. Veaux, vaches, cochons, bœufs et moutons étaient guidés par les paysans à l'intérieur d'une immense forteresse industrielle. Les animaux étaient pesés, abattus, découpés, puis vendus aux bouchers et aux charcutiers de Paris et des environs. Les abattoirs employaient des milliers de chevillards, pansiers, boyaudiers et autres dépeceurs, et il s'agissait là de métiers extrêmement pénibles. La chaleur et la vapeur des abattoirs abîmaient les poumons, le foie était malmené par l'alcool, sans compter les blessures infligées par les animaux ou par les couteaux finement aiguisés qu'il s'agissait de manier avec soin.

Casimir estimait qu'en tant que médecin il aurait un rôle primordial à jouer auprès des nombreux ouvriers. Surtout que, en général, quand ils avaient un souci de santé, ils se précipitaient chez des sorciers guérisseurs : de faux médecins qui sortaient un pendule, murmuraient des prières et prescrivaient quelques plantes, quel que soit le mal à soigner. Avec quelle conséquence, s'il s'agissait d'une maladie grave comme la tuberculose ? Des crampes d'estomac, au mieux, la mort au pire. Il fallait donc – Bronia et Casimir étaient d'accord – que les plus démunis aient accès à de vrais médecins.

C'était d'ailleurs décidé : Casimir réserverait son lundi soir et son jeudi soir pour recevoir gratuitement les indigents. Pour les autres, ce serait trois francs la consultation. Le même prix qu'un beau poulet ou qu'une bouteille de champagne.

Bronia, quant à elle, s'intéressait à la situation des femmes. Aux abattoirs, les ouvrières étaient chargées de tâches bien spécifiques : elles tuaient les porcs, arrachaient les poils pour en faire des brosses, préparaient les carcasses destinées à être broyées dans des bouillons de légumes... Leurs conditions de travail étaient, tout autant que celles des hommes, caractérisées par une hygiène déplorable.

Dans le quartier étaient aussi implantées de nombreuses usines d'allumettes, de goudron, de briques… L'air y était irrespirable, et les femmes souffraient de mille maux. Il tardait à Bronia de terminer ses études de médecine pour les soigner – comme cela avait été son rêve depuis l'adolescence.

***

Marie aurait voulu se réjouir : l'existence qu'elle avait souhaitée s'ouvrait enfin à elle, une vie d'étudiante parisienne où elle passerait ses journées au paradis, c'est-à-dire dans un laboratoire de chimie, au sein de la Sorbonne. Pour le gîte et le couvert, Bronia s'occuperait de tout.

Malheureusement, la jeune femme ne parvenait pas à remonter la pente ; car sans Casimir Zorawski, son avenir lui paraissait bien sombre. Depuis leur séparation, elle était persuadée qu'elle n'était bonne à rien.

C'est ainsi que, de retour à Varsovie après le mariage de sa sœur, Marie prit deux décisions terribles : elle renonça à la fois à rejoindre Bronia et Casimir Dluski à Paris et à suivre des études universitaires. Elle n'osait pas en informer Bronia, cependant. Elle ne voulait pas que celle-ci lui fasse la morale et lui rappelle leur pacte.

Bientôt, elle se remit à donner des cours particuliers comme si de rien n'était, retrouvant Wladyslaw et sa sœur Hela chaque soir pour dîner. « *Notre père est bien content de m'avoir à ses côtés,* écrivait-elle à Bronia. *Je lui donne un peu de bonheur dans sa vieillesse.* » Ainsi, les mois passaient et, bientôt, Bronia commença à s'impatienter. N'était-il pas temps que Marie organise sa venue à Paris ? Elle n'allait tout de même pas donner des petits cours jusqu'à l'âge de la retraite ! « *Il faut que tu fasses quelque chose de ta vie,* écrivit un jour l'aînée, agacée par la mollesse de sa sœur. *Il faut que tu t'occupes de venir à Paris. Il y a trop longtemps que tu attends.* »

Mais l'insistance de Bronia ne servait à rien. Début 1891, Marie décida d'informer Bronia qu'elle rompait leur pacte.

Rue d'Allemagne, Bronia commença à lire la lettre... et s'effondra dans son fauteuil : « *Chère Bronia,* disait sa sœur, *j'ai été bête, je suis bête, et je demeurerai bête toute ma vie. Ou plutôt, pour traduire en style courant : je n'ai jamais eu, je n'ai pas et je n'aurai jamais de chance.* » « Que se passe-t-il ? se demanda Bronia. Pourquoi ce ton mélodramatique ? » « *J'avais rêvé de Paris,* poursuivait Marie, *mais depuis longtemps, l'espoir d'y aller m'a quitté.* » Bronia sentait les larmes lui monter aux yeux. Elle revoyait le soir où elles avaient scellé leur pacte. Marie, si enthousiaste, si fière de son idée – « Tu vas à la Sorbonne et je te rejoins ». Et maintenant ? Bronia hésitait entre hurler de colère face à tant d'immaturité et s'effondrer de tristesse.

Casimir Dluski voyait bien qu'elle était bouleversée.

– Que se passe-t-il ? demanda-t-il.

– Marie ne vient pas à Paris.

– Quoi ?

– Elle ne veut plus faire d'études. Ni à Paris, ni ailleurs. Écoute : *« Mon cœur se rompt quand je pense à mes aptitudes gâchées qui, tout de même, devaient valoir quelque chose. »*

– C'est complètement absurde !

Bronia se leva, soudain furieuse contre sa sœur :

– Évidemment que ses fameuses aptitudes valaient quelque chose. Elle a toujours été première de sa classe.

– Dis-lui cela quand tu répondras à sa lettre, plaisanta son mari, elle l'a peut-être oublié.

– Au lieu de se prendre en main, s'énervait Bronia, elle pleurniche comme une enfant de cinq ans. Compte-t-elle se lamenter du matin au soir, et du soir au matin ? Jusqu'à la fin des temps ?

– Bronia...

– Va-t-elle gâcher sa vie, à vingt-trois ans, pour une histoire d'amour ratée ? Ce n'est pas ainsi que nous l'avons élevée. Où donc est passée sa dignité ? Où est passée son estime d'elle-même ? Pourquoi s'est-elle tuée à la tâche à Szczuki pour moi, si elle ne me laisse pas lui rendre la pareille ?

– Que raconte encore cette lettre ? N'hésite-t-elle pas tout de même un peu ?

– Aucunement. Tiens, écoute encore : « *Mon cœur est si noir, si triste, que je sens combien j'ai tort de te parler de tout cela et d'empoisonner ton bonheur. Seule de nous tous, tu as eu de la chance.* »

– Je vois, soupira Casimir Dluski.

– Je ne comprends pas pourquoi elle se met dans un état pareil. Elle ne va tout de même pas sacrifier sa vie parce que les Zorawski se sont opposés à son mariage ?

– Ce qui lui est arrivé est très difficile à supporter, ma chérie. Il est normal qu'elle soit déstabilisée par l'humiliation que lui ont fait subir ces gens. Elle voulait épouser Casimir Zorawski, et on ne lui en n'a pas donné le droit. Ce n'est pas une situation très valorisante. Elle a de quoi se sentir abattue.

– Ses cinquante prochaines années doivent-elles donc découler de cette mésaventure ? C'est complètement ridicule.

– Nous ne sommes qu'en mars, avança son mari. Pour une rentrée en septembre, elle peut encore changer d'avis.

– Elle a intérêt, siffla Bronia. Sinon c'est moi qui vais aller la chercher.

Chapitre 13
Varsovie, 1891

Marie pensait qu'elle manquait chroniquement de chance ; elle avait tort. Tandis qu'elle se morfondait dans l'appartement de Varsovie et ruminait son ennui, son père eut une idée :

– Ton cousin Josef est de retour de Saint-Pétersbourg, annonça-t-il un soir pendant qu'ils prenaient le thé.

– Ah oui ?

– Il a maintenant un poste à Varsovie. Pas très loin d'ici.

– Ah.

– Sais-tu qu'il travaille dans un laboratoire de chimie ?

– Tant mieux pour lui.

– Marie, l'implora Wladyslaw, tu devrais aller lui rendre visite.

– Je n'en ai aucune envie.

– En vérité, je lui ai dit que tu passerais le voir demain. Fais-le pour moi, s'il te plaît.

Lorsque Josef Boguski ouvrit à Marie les portes du laboratoire, celle-ci fut frappée d'un émerveillement aussi fort que celui qu'elle ressentait enfant en découvrant les vitrines de Noël. Devant les paillasses en carrelage blanc, les tubes à essai et les petites balances de cuivre, elle écarquillait les yeux, éblouie et sans voix. Toutes les expériences et les manipulations qu'elle avait apprises dans les livres, c'était dans un lieu tel que celui-ci qu'elle pourrait un jour les réaliser. Son cousin sourit devant son émouvante stupeur. Il lui proposa de revenir, et Marie accepta avec une reconnaissance infinie. Toutefois, elle n'avait absolument pas le droit d'être là. Si l'administration apprenait que Josef laissait entrer des inconnues dans son laboratoire, les conséquences pour lui seraient terribles. D'autant qu'il donnait en secret des cours clandestins pour l'Université volante…

Alors, il recommanda à Marie de venir la nuit, quand il n'y avait personne. Il lui donna des conseils pour ne pas se brûler avec les acides, ni briser les lames des microscopes. Il détailla pour elle chaque instrument, lui indiqua comment les tenir, les manipuler, les laver et les ranger. Enfin, il lui montra où il cachait la clef de la porte d'entrée. Il lui faisait totalement confiance. Il avait raison. Grâce à ce laboratoire, Marie reprit peu à peu goût à la vie et renoua avec ses véritables amours, la physique et la chimie. Au sein de ce vaste espace silencieux, elle mélangeait des matières improbables et se plongeait dans des calculs compliqués. Comme c'était excitant ! À l'aube, arpentant les ruelles de Varsovie en ayant bien pris soin de laisser, à l'attention de son cousin, la clef sous le pot de fleurs, elle avait l'esprit entièrement occupé par ses exercices : « Le résultat est-il concluant ? Que dois-je modifier la prochaine fois ? » Désormais réconciliée avec sa vocation, elle évacuait ses peines amoureuses et se consacrait à la chimie.

Marie était si heureuse que, dans une nouvelle lettre, elle fit part à Bronia de ces sensations merveilleuses :

« *J'essaie de reproduire des expériences décrites dans les manuels. Les résultats sont parfois inattendus. De temps en temps, une petite réussite vient m'encourager. D'autres fois, je sombre dans le désespoir à cause de mon niveau de débutante.* »

Bientôt, Marie comprit qu'elle n'arriverait pas à grand-chose si elle continuait ainsi à bricoler seule dans son coin. Elle avait reproduit les schémas qu'elle avait relevés dans les manuels, tenté des mélanges et des calculs plus ou moins satisfaisants, mais elle savait bien qu'il lui serait difficile, désormais, de progresser sans professeur.

Peu à peu, elle se mit à regretter d'avoir renoncé à la Sorbonne. Elle aurait pu y suivre une formation de chimiste complète. Oh ! et elle s'était montrée si brutale, avec Bronia. La pauvre ! Tout ce que sa sœur avait jamais voulu, c'était l'accueillir à Paris, ainsi que les termes de leur pacte le stipulaient.

Marie s'en voulait terriblement. Elle avait honte d'avoir agi ainsi. Une capricieuse : sans doute, c'était ainsi que son beau-frère Casimir Dluski la voyait, à présent. Une petite fille gâtée. Lui qui, dans sa jeunesse, avait dû fuir Varsovie et gagner Paris en hâte ! Marie imaginait les conversations qu'ils devaient avoir chez eux, rue d'Allemagne :

– Nous proposons à ta sœur une chambre confortable dans notre appartement, s'exclamait Casimir Dluski, nous lui offrons un accueil sur mesure – logée, nourrie –, et elle met tout par terre ! Quelle ingrate !

– J'aurais pu l'aider, renchérissait Bronia. Je sais comment fonctionnent les inscriptions, les cours, la bibliothèque, et tout le reste. Tant pis pour elle.

Marie avait peur de leur réaction si elle avouait avoir encore changé d'avis. Toutefois, son désir de venir à Paris finit par être plus fort que sa gêne. Le 23 septembre 1891, soit deux mois avant son vingt-quatrième anniversaire, elle se lança donc : « *Bronia, je sais que j'ai été injuste envers toi et faible envers moi-même. Maintenant, je te demande si tu pourras me prendre chez toi, car moi je suis prête à venir.* »

À Paris, Bronia accueillit ces changements avec philosophie.

– Je crois que tu avais raison, mon chéri, annonça-t-elle à Casimir. Écoute ce que dit Marie : « *J'ai de quoi payer mes dépenses. Si donc, sans te priver beaucoup, tu peux me donner à manger, écris-le-moi. Ce serait un grand bonheur car moralement, cela me remettrait d'aplomb, après les cruelles épreuves que j'ai traversées. Mais d'autre part, je ne veux pas m'imposer à toi.* »

– Dis-lui que nous l'attendons, répondit Casimir Dluski. Qu'elle arrête de nous raconter sa vie.

– « *Vous pourriez me caser n'importe où, je ne vous encombrerai pas, je promets que je ne ferai aucun ennui, aucun désordre.* »

– Au lieu d'écrire ces sornettes, qu'elle prépare sa valise.

– Je pars l'aider, annonça Bronia

– Dans ton état ? s'étonna son époux.

– Être enceinte, docteur Dluski, répondit sa femme avec un sourire espiègle, n'est pas un état « anormal ». Pour tout dire, je me sens même tout à fait normale.

À juste titre, Bronia voulait s'assurer que sa sœur ne se raviserait pas à la dernière minute. Courageusement, elle monta donc dans le train qui allait quitter la gare de l'Est, traverser l'Allemagne et atteindre Varsovie trois jours plus tard. Marie, selon elle, avait en effet grand besoin de conseils :

– Demain, lui annonça Bronia, nous expédierons ta malle. Pour le voyage, tu ne prendras que ton casse-croûte et une bonne couverture. Empaquette tout ce que tu peux. La vie à Paris est très chère ; nous n'allons pas racheter des vêtements au prétexte que tu les as laissés à la maison. Des draps, tes deux chapeaux, tes deux robes, ton linge de corps, une paire de chaussures…

– Je pensais que Paris était la capitale de la mode, plaisanta Marie.

– Ne me dis pas que c'est ce qui t'a décidé à venir !

Chapitre 14
Paris, 1891-1893

Dès son arrivée à Paris, Marie se précipita à la Sorbonne, régla ses frais d'inscription et commença sa vie d'étudiante. Elle était redevenue ce qu'elle avait toujours été : une élève acharnée, passionnée et dévouée. Au petit matin, elle quittait la rue d'Allemagne pour une journée en amphithéâtre, en laboratoire et en bibliothèque. Elle ressentait la douce certitude d'avoir pris la bonne décision, et sentait que ce chemin lui convenait parfaitement. Lorsqu'elle pensait à sa vie à Varsovie, au temps où elle donnait des cours particuliers en méditant sur son avenir perdu, elle avait l'impression que c'était d'une autre personne qu'il s'agissait, d'une tout autre histoire.

Bronia et Casimir veillaient sur son bien-être. Avec son humour caractéristique, Casimir s'empressa d'envoyer des nouvelles de la jeune fille à son beau-père Wladyslaw :

« Marie travaille sérieusement, elle passe presque tout son temps à la Sorbonne et nous ne nous rencontrons

qu'au repas du soir. C'est une jeune personne très indépendante et, malgré la délégation de pouvoirs par laquelle vous l'avez mise sous ma protection, non seulement elle ne me témoigne aucun respect et aucune obéissance, mais elle se moque de mon autorité et de mon sérieux comme d'un soulier percé. Nous nous entendons très bien cependant, et nous vivons dans le meilleur accord. »

Dans l'appartement de Bronia et Casimir, l'on se serait cru à Varsovie. Le couple n'avait quasiment que des amis polonais, venus eux aussi à Paris pour leurs études. Souvent, les discussions tournaient autour d'un éventuel retour en Pologne :

– Nous sommes bien en France, disaient-ils, mais nous serions mieux chez nous.

Pour le plus grand bonheur de tous, Bronia leur concoctait les plats de leur enfance.

– Ma femme est une excellente cuisinière, se félicitait Casimir Dluski. C'est d'ailleurs ce qui m'a séduit chez elle.

– Ça, et la fois où je t'ai amené voir la tour Eiffel en construction, rétorqua Bronia en déposant sur la table une casserole de veau braisé.

Le docteur Dluski avait installé son piano au milieu du séjour. Il en jouait chaque soir, et Bronia se souvenait avec nostalgie de sa mère qui avait tant joué elle aussi, avant de tomber malade.

Marie n'était pas accoutumée à vivre dans une maisonnée aussi remuante. Ils chantaient et bavardaient jusque tard dans la nuit. Leurs rires retentissaient jusqu'au parc voisin, et la pauvre étudiante, qui se couchait tôt, ne fermait pas l'œil avant 2 heures du matin. Pour couronner le tout, il fallait plus d'une heure pour rallier le Quartier latin en omnibus.

En outre – Bronia l'avait mise en garde –, le cursus universitaire se montrait particulièrement difficile. Marie avait du mal à suivre. À bientôt vingt-quatre ans, voilà six ans qu'elle n'avait plus été élève, qu'elle n'avait plus pris de notes en écoutant un professeur. En français, de surcroît. Quand elle essayait de relire ses cours à la maison, elle était dérangée sans arrêt, car Casimir Dluski y recevait ses patients :

– Bonjour, docteur ! lançaient les ouvriers qui défilaient.

– Bonjour, entrez, entrez, je vous prie. Qu'est-ce qui vous tracasse aujourd'hui ?

– La rate, docteur, elle me fait du grabuge...

Les consultations et les invités n'étaient pas la seule source de distraction dans l'appartement de la rue d'Allemagne. Le 13 avril 1892, à 19 heures, dans sa chambre, Bronia accoucha d'une petite fille, Helena. Par bonheur, Marie était là. Sans elle, Bronia se serait sentie très seule. Devenir mère dans un pays étranger n'avait rien d'évident. Au sein de leur famille, c'était la première fois qu'un enfant naissait en dehors des frontières polonaises.

– Marie, tu pourrais loger près de la Sorbonne, proposa un jour Bronia, qui voyait se creuser les cernes sous les yeux de sa sœur. Vivre tout près de l'université serait mieux pour toi.

– Nous préférerions te garder avec nous, précisa son mari, mais l'idée d'une chambre dans le Quartier latin est loin d'être stupide.

Casimir lui loua la pièce qu'occupait Bronia autrefois. La même mansarde, avec le robinet d'eau froide dans la cour et les brocs qu'il fallait monter au sixième étage. Une pièce minuscule, comme en occupaient les autres Polonais de l'étage. Marie était ravie. «*Je travaille mille fois plus qu'au début de mon séjour,* écrivit-elle à son père. *Mon beau-frère avait l'habitude de me déranger sans fin. Quand il ne travaillait pas, il ne pouvait absolument pas supporter qu'étant à la maison je m'occupe d'autre chose que de bavarder agréablement avec lui !*»

Naturellement, les Dluski payaient le loyer et veillaient à ce que Marie ne meure pas de faim. La jeune femme vivait avec peu. Parfois, elle était si concentrée sur ses cours qu'elle en oubliait de manger. Elle grignotait des radis, avalait un peu de thé, ne songeait nullement à ménager ses forces.

Le jour, toutefois, où elle tomba évanouie parce qu'elle était sous-alimentée, et que l'on prévint Casimir Dluski, celui-ci sortit de ses gonds. Il arrêta un fiacre et embarqua Marie, tremblante et fine comme de la dentelle, rue d'Allemagne. Tandis que Bronia lui préparait un lit, une bouillotte chaude et une soupe de pommes de terre, Casimir la sermonnait d'une voix autoritaire :

– Je suis médecin, je suis ton beau-frère et je suis inquiet pour ta santé ! Tu restes ici, dans ce lit, et je t'interdis de sortir. Une cure de sagesse, voilà ce que je vais te prescrire. Tête de linotte ! Vivre de radis ! Pourquoi pas de navets crus ?

Casimir décida que sa belle-sœur avait besoin de viande. Or, pour les avoir comme patients, il fréquentait les meilleurs bouchers des abattoirs. L'un d'eux lui vendit une superbe côte de bœuf charolaise.

Revigorée, Marie regagna sa chambre du Quartier latin et déploya tant d'efforts qu'au bout de deux ans, en juillet 1893, elle fut classée première à la licence de sciences physiques. Quelle réussite pour une jeune étrangère que de passer devant tous les Français !

Comme Bronia vivait toujours à Paris avec Casimir et la petite Helena, Marie décida d'y rester encore un an, le temps de décrocher une licence de mathématiques. Bientôt, elle obtint une bourse : Bronia et Casimir n'avaient plus besoin de payer ses études. Elle décida qu'une fois cette licence obtenue elle rentrerait vivre en Pologne, comme prévu. Elle pourrait chercher du travail à Varsovie, et elle ne comptait pas s'éterniser à Paris.

***

Pour devenir officiellement médecin, Bronia devait obligatoirement passer une thèse. Il lui fallait décider d'un sujet, planifier son mémoire puis le présenter à un jury de professeurs. Bronia choisit de traiter de l'allaitement maternel. Une fois encore, c'était un thème qui lui tenait à cœur. Les femmes, jugeait-elle, devaient allaiter leurs bébés quand elles le pouvaient, au lieu de les placer à la campagne chez une nourrice, comme le faisaient de nombreuses citadines.

Certaines ouvrières, notamment, ne pouvaient s'occuper de leur nouveau-né parce qu'elles devaient travailler en usine ou dans des ateliers et respecter des horaires impossibles ; d'autres femmes jugeaient simplement plus sain de faire grandir leurs enfants loin de la ville. En conséquence, il arrivait que les nourrices viennent à manquer de lait pour nourrir tous les bébés qui leur étaient confiés, en plus de leurs propres enfants. Elles leur faisaient alors boire du lait de vache ou de chèvre mal conservé, qu'elles versaient dans des biberons à la propreté plus que douteuse. Les nourrissons étaient alors atteints de gastro-entérites et de diarrhées graves. Les nourrices, qui plus est, utilisaient le biberon à tube : au lieu d'une tétine, le biberon était équipé d'un long tube en caoutchouc, permettant au bébé de l'attraper facilement, sans l'aide de personne. Mais à cause de la chaleur ambiante, ces tubes devenaient de vrais nids à microbes. Beaucoup de bébés tombaient malades et mouraient.

Bronia voulait changer tout cela. Le taux de mortalité infantile des bébés placés en nourrice était dramatique, mais cela n'avait rien d'une fatalité, estimait-elle, des solutions existaient. Un chimiste du nom de Liebig, par exemple, avait inventé du lait artificiel. De même, Bronia était persuadée que les choses iraient mieux si l'on parvenait à convaincre toutes les mères en état de le faire d'allaiter elles-mêmes leur enfant. Elle comptait bien le prouver en y consacrant sa thèse, raison pour laquelle elle avait pris rendez-vous avec le professeur de la Sorbonne chargé de l'enseignement sur la maternité. Elle espérait qu'il accepterait de superviser son travail.

– Je voudrais me pencher sur la question de l'allaitement maternel, annonça-t-elle, assise dans son bureau.

– Excellente idée, déclara l'imposant quinquagénaire. Personnellement – et vous le savez si vous avez bien suivi mes cours –, je crois que le lait de la mère appartient à son propre enfant.

– Je suis également de cet avis, répondit-elle, soulagée. Les femmes qui placent leur enfant chez une nourrice risquent de ne jamais les revoir. Alors qu'il serait mille fois plus sage pour elles, et plus économique, de les nourrir elles-mêmes.

Le professeur se cala dans son fauteuil.

– Avec ce sujet, vous avez mes encouragements les plus sincères.

– Je ne vous décevrai pas, monsieur.

– Où comptez-vous mener vos recherches ? demanda-t-il en se grattant la barbe. Pour étudier de quelle façon les femmes nourrissent leur nouveau-né, vous devez vous rendre là où elles accouchent. Pas question de passer votre temps à la bibliothèque à recopier les articles de mes confrères. (Il réfléchit un instant.) Voudriez-vous vous installer au sein de mon service ?

– Oh oui ! Merci ! s'exclama-t-elle.

C'est ainsi que Bronia se retrouva à suivre près de cinq cents femmes à la maternité Baudelocque de Port-Royal, au centre de Paris.

Ce qu'elle y découvrit fut pire que ce qu'elle avait imaginé. Naïvement, elle avait cru que les femmes renonçaient à allaiter elles-mêmes par paresse, ou par manque de temps. La réalité était tout autre. En arpentant le service maternité, elle découvrit, pour commencer, que de nombreuses mères perdaient leur enfant à la naissance. Parmi les autres, certaines étaient trop faibles pour nourrir leur bébé. Malades, faméliques, elles ne produisaient pas de lait, ou trop peu. Heureusement, l'équipe médicale palliait alors cette carence avec du lait de vache ou de brebis dans des biberons propres.

À la fin de la journée, dans l'omnibus qui la ramenait chez elle, la jeune femme songeait avec perplexité à la gravité de certains cas. Elle s'empressait de tout raconter à Casimir.

– Tu ne peux pas savoir la misère qui règne dans cet hôpital...

Cependant, notait-elle, quand les femmes gardaient leur bébé avec elles et se trouvaient en mesure de le nourrir au sein, les résultats sur la santé de l'enfant se révélaient probants. N'était-ce pas ce qu'elle avait eu l'intention de démontrer ?

***

Un soir qu'ils n'avaient pas d'invités et bavardaient tranquillement au salon, Bronia et Casimir évoquèrent la vie de Marie à Paris :

– Regarde les progrès qu'elle a réussi à accomplir depuis son arrivée ! s'exclama Bronia. D'abord, elle mange à sa faim. Grâce à toi, elle a compris qu'avec une soupe et du pain, elle resterait en bonne santé. Ensuite, elle adore ses études. Elle a eu un peu de mal avec le français, au début, mais c'est passé. Et cette bourse, obtenue sans la moindre difficulté ! Quelle chance ! La santé, la Sorbonne... Tout va bien pour elle, tout va très bien. Je suis vraiment ravie.

– Il ne lui manque que l'amour, releva Casimir. Ma chérie, il faut que tu lui parles, de sœur à sœur.

– Et que dois-je lui conseiller, je te prie ? D'épouser Stanislas ? Elle ne supportera pas son cheveu sur la langue. Cette espèce de zozotement.

– Dis-lui seulement d'ouvrir les yeux. Des garçons, il y en a des dizaines. En cours, à la bibliothèque, à la taverne des Gobelins…

– Je ne suis pas sûre qu'elle fréquente beaucoup la taverne…

– Mais peu importe ! Un fiancé, ça se cherche, et ça se trouve. Qu'est-ce qu'elle fabrique ? A-t-elle besoin de lunettes ? Désire-t-elle entrer dans les ordres et devenir bonne sœur ?

– Nous deux aussi, ça nous a pris du temps, lâcha Bronia, se souvenant qu'il avait fallu plus de deux ans à son mari pour lui déclarer sa flamme.

– Ah non ! Tu ne vas pas recommencer. Tu sais bien que je voulais être sûr !

– Moi, dit Bronia, j'étais sûre depuis le début.

Pauvre Casimir Dluski ! Cette conversation, ils l'avaient eue cent fois déjà. Jouer la carte romantique était, il le savait, la seule façon de l'abréger.

– J'étais sûr, moi. Mais je n'étais pas sûr que tu sois sûre.

– Alors tu es devenu sûr parce que j'étais sûre ?

– J'étais amoureux de toi.

– Et maintenant ? demanda Bronia.

– Ah ! Tu vas voir !

Il s'approcha de Bronia, passa son bras autour de ses épaules et s'avança pour l'embrasser.

– Pas ici, glousse-t-elle. Tu vas réveiller Helena.

Pourquoi l'avenir sentimental de Marie les inquiétait-il ? La jeune femme ne rêvait nullement de mariage. Sa vie de jeune étudiante célibataire lui plaisait.

Ses professeurs avaient remarqué ses capacités. Parfois, ils lui confiaient des expériences qu'ils n'avaient pas eu le temps de mener à leur terme. Dans ce contexte, l'idée d'un petit fiancé n'était certainement pas d'actualité. Marie voulait réussir ses études, les mots de son père continuaient de résonner en elle : « Tu dois devenir quelqu'un. »

Chapitre 15
Paris, printemps 1894

En échange d'une bourse, l'un des professeurs de Marie lui demandait de réaliser des expériences pour lui, dont il n'avait pas le temps de se charger lui-même. Bien sûr, la jeune femme tenait à s'acquitter de cette mission le plus consciencieusement possible. Et cependant, elle avait un problème :

– Je ne vois pas où je pourrais mener ce travail à son terme, expliqua-t-elle lors d'un dîner rue d'Allemagne.

– J'ai justement rendez-vous demain avec un confrère qui dispose d'un espace assez vaste, annonça l'un des invités, également physicien. Si vous voulez, je vous le présenterai, et nous lui ferons part de votre souci. Il vous accueillera peut-être.

– Marie, conseilla Casimir Dluski, sers-toi de ton charme, profite de tes vingt-cinq ans. Tu obtiendras ton laboratoire plus vite !

– Tous les scientifiques ne sont pas comme toi, lâcha Bronia, mécontente.

– Si ! Il faudra que Marie fasse les yeux doux à ce confrère si elle veut obtenir quelque chose. Il n'y a que cela qui marche. Surtout avec les Français, insista Casimir.

– Oh, vous savez, soupira le physicien, pas avec lui...

Lorsque Marie se présenta le lendemain à l'heure du thé, l'intéressé était déjà là. Il se tenait debout près de la fenêtre si bien que, au début, elle ne le vit qu'à contre-jour. Il lui adressa un grand sourire, s'avança vers elle et lui tendit une main cordiale. À présent, elle remarquait ses cheveux châtains et ses yeux clairs.

– Enchanté, mademoiselle. Pierre Curie.

– Marie Sklodowska. Bonjour.

– Mademoiselle Sklodowska est l'une de nos meilleures étudiantes, se permit d'ajouter le physicien qui les avait présentés.

– Je ne vais pas vous prendre trop de votre temps, déclara timidement Marie. Je voulais juste vous demander si vous aviez un peu de place pour moi dans votre laboratoire.

– Pour quel genre d'expérience ?

Marie était gênée de parler de son modeste travail à Pierre Curie qui, pour ce qu'elle en avait compris, était déjà un chercheur bien établi. Elle s'efforça de résumer la mission dont elle était chargée :

– Je dois mesurer les propriétés magnétiques de certains métaux.

Il réfléchit. Pourvu qu'elle n'ait pas dit de bêtise !

– Intéressant. Je peux peut-être vous accorder quelques mètres carrés.

– Merci, monsieur Curie. Merci beaucoup !

– Pardon, osa-t-il soudain, mais ce léger accent que j'entends... Serait-il polonais ?

– Oui, concéda Marie. Je viens de Varsovie, j'ai rejoint ma sœur qui étudiait à Paris.

– Votre sœur, tiens donc. Est-elle également dans les sciences ?

– Elle prépare une thèse de médecine.

– J'ai moi-même un frère, Jacques, auquel je suis très lié, expliqua Pierre Curie. Il a deux ans et demi de plus que moi.

– Comme Bronia et moi.

– Nous sommes tous les deux diplômés de sciences physiques, et nous avons longtemps travaillé ensemble. J'ai eu le regret de le voir partir pour Montpellier pour un poste qu'il ne pouvait refuser. Êtes-vous proche de votre sœur ?

– Bien sûr, répondit Bronia avec enthousiasme.

– Voyez-vous, reprit aimablement Pierre Curie, avec mon frère, nous adorons explorer la campagne. Ramasser des cailloux étranges, trouver des fossiles, examiner ce que contient la terre... Vous devez savoir, Marie, que chaque roche est constituée de minéraux... Fascinant, n'est-ce pas ? N'est-il pas merveilleux de partager ses passions avec quelqu'un ?

– J'ai proposé à mademoiselle Marie de nous rejoindre, commença le physicien, parce que…

– Moi aussi, j'aime beaucoup la nature ! l'interrompit Marie.

– En ce moment, pourtant, on dirait que seul ce qui se passe en ville importe. Avez-vous vu le raffut pour l'ouverture de ce nouveau magasin, les Galeries Lafayette ?

– C'est l'un des plus grands et plus luxueux magasins du monde.

– En quoi est-ce si fascinant ? répondit Pierre Curie. Je ne saisis pas du tout. Il y avait déjà Le Bon Marché, ça allait très bien. Aimez-vous ce genre d'endroit ?

– Je ne sais pas, reconnut Marie. Je ne m'intéresse pas tellement au commerce.

– Nous sommes bien d'accord, se réjouit Pierre Curie. Bon, que diriez-vous d'aller souper ? Vous me parlerez de votre famille, je vous parlerai de la mienne. Je vis à Sceaux, voyez-vous, près de Paris, et nous avons un jardin plein de roses. C'est la saison…

– Mon cher collègue, pouvons-nous discuter de notre… tenta le physicien.

– Allez, à plus tard, mon vieux ! s'exclama Pierre Curie.

En cheminant au côté de Pierre Curie, Marie avait l'impression de le connaître depuis toujours. Jamais conversation n'avait été si fluide, surtout avec un

Français. Il la conduisit dans un restaurant simple et bon marché.

– Mangez-vous parfois des plats polonais ?

– Oui, j'ai beaucoup de chance : ma sœur est une spécialiste.

– Chez moi, fit Pierre Curie tout sourire, ma mère me poursuit avec sa louche si j'ose approcher de sa gazinière.

Marie le regarda bizarrement.

– Oui, précisa-t-il, j'habite chez mes parents. Et j'y suis très bien. Cela vous paraît-il étrange ? À trente-cinq ans ?

Trente-cinq ans ! Dix ans de plus qu'elle. Cela expliquait qu'il soit déjà chef de travaux à l'École de physique et de chimie. Elle ne sut que répondre.

– Notre ami a eu une excellente idée en nous présentant, reprit Pierre. Pendant combien de temps aurez-vous besoin d'espace dans mon laboratoire ?

– Deux mois. En juillet, je rentre en Pologne.

– Pour l'été ?

– Non. Définitivement.

Pierre Curie reposa sa fourchette et roula un peu de mie de pain entre ses doigts. Déjà, elle allait disparaître ? Cet envoûtant repas ne deviendrait-il bientôt qu'un lointain souvenir ? Que pouvait-il objecter ? Qui était-il pour s'opposer à cette décision ? Personne. Un inconnu.

– Je comprends, souffla enfin Pierre Curie. Vous ne reviendrez donc pas à Paris.

– Non. Enfin, je ne crois pas.

***

Le 4 juillet 1894, à l'âge de vingt-neuf ans, Bronia entra dans la Sorbonne en prenant une profonde inspiration. Elle traversa la cour le cœur battant, monta les escaliers cirés et pénétra dans la salle où elle allait soutenir sa thèse de cent vingt pages, *Contribution à l'étude de l'allaitement maternel*. Si elle réussissait cet examen, elle serait définitivement médecin.

– Madame, indiqua le professeur, nous vous écoutons.

Debout face aux membres du jury assis derrière un long bureau, la jeune femme exposa longuement ses résultats avant de prendre un ton plus personnel :

– Le médecin doit recommander à la mère d'allaiter son enfant. Il doit absolument lui expliquer que l'allaitement est le prolongement même de la maternité.

Les membres du jury hochaient la tête. Ayant lu sa thèse, ils avaient déjà noté qu'elle l'avait rédigée dans un français irréprochable, alors qu'il ne s'agissait pas de sa langue maternelle.

– Pourriez-vous, chère madame, développer davantage votre point de vue sur le système des nourrices ? demanda l'un d'eux.

– Il est capital, répondit Bronia très sûre d'elle, que l'allaitement se généralise et que tous les enfants soient élevés au sein maternel ; pas au sein d'une nourrice. Sans quoi la nourrice n'aura plus assez de lait pour son propre bébé, lequel risquera de mourir de faim.

– Madame...

– Les femmes riches prennent des nourrices sans songer qu'à cause de cela les enfants de ces malheureuses ne survivront peut-être pas. Ce sont des victimes de l'injustice sociale.

– Vous adoptez là une position politique...

– Il faut supprimer le système des nourrices, lâcha tout à coup l'étudiante. Nous faisons face à une sorte d'esclavage.

Les professeurs se retirèrent pour délibérer. Ils avaient une heure pour discuter entre eux de ce qu'ils venaient d'entendre. Bronia faisait les cent pas dans le couloir. Aurait-elle pu ajouter quelque chose ? Avait-elle oublié certains détails essentiels ? Avaient-ils désapprouvé la radicalité de sa position ?

Après seulement quarante minutes, l'appariteur lui demanda de regagner la salle. Pourquoi les membres du jury n'avaient-ils pas pris l'heure entière, comme le prévoyait le règlement ? Avaient-ils décidé qu'une femme si engagée ne devait, ne pouvait pas devenir médecin ?

De nouveau, Bronia se tenait debout devant le jury. L'un des messieurs barbus la surveillait du coin de l'œil en dépliant une feuille de papier. La jeune femme retint son souffle.

– Madame Dluska, annonça solennellement le professeur principal, le jury vous déclare officiellement docteure en médecine.

Quelle réussite ! Sur cinq cent cinquante étudiants reçus docteurs, on ne comptait cette année-là que neuf femmes. Et dire qu'en première année elle avait eu besoin d'un dictionnaire franco-polonais !

Ravie, Bronia serra fermement la main de chaque professeur en les remerciant, avant de se retourner vers Marie, qui avait assisté à la soutenance et sautillait désormais sur place.

– Félicitations, lui glissa sa cadette une fois qu'elles furent enfin réunies. Tu l'as tellement mérité. Docteure Sklodowska-Dluska, tu te rends compte ? Te souviens-tu comme tu as espéré ce moment ?

– Sans toi, souffla Bronia en pressant la main de sa sœur, je n'y serais jamais arrivée.

***

Bronia avait pris une décision importante : plutôt que de consulter rue d'Allemagne comme son mari, elle ouvrirait son propre cabinet médical. Il serait situé dans le IXe arrondissement, non loin du Café de la Paix où elle avait jadis dîné avec lui. Juste à côté des grands magasins, en somme, où travaillait une multitude de femmes.

Bronia ne se voyait pas recevoir ses patientes à son domicile. Entre la clientèle de Casimir, la petite Helena, qui débordait d'énergie, et sa belle-mère venue spécialement de Pologne pour s'occuper d'elle, quelle place lui serait-il resté ?

Son premier achat avait été une table, spécialement conçue pour examiner les patientes. Sur un plateau de fer étaient posés les instruments de son nouveau métier, et un stéthoscope, que Casimir lui avait offert le jour de sa soutenance. Un traité de gynécologie de mille trois cents pages était posé sur son bureau, bien en évidence. Bronia s'était signalée au *Guide des médecins parisiens*. Voici ce qu'on pouvait désormais y lire : « *Madame Dluska, spécialiste des maladies des femmes et des accouchements, 39 bis, rue de Châteaudun* ».

C'était le plus beau jour de sa vie – après, peut-être, celui où elle s'était inscrite à la Sorbonne. Un rêve qu'elle convoitait depuis l'adolescence venait enfin de se réaliser. Sur le mur de l'immeuble, une plaque portait son nom : *Dr Bronia Dluska*. Sa fierté était si grande qu'elle sentit les larmes lui monter aux yeux tandis que le concierge achevait de visser les boulons de la plaque neuve et passait un coup de chiffon sur le marbre.

Quelque temps plus tard, Marie se rendit chez Bronia et Casimir afin de fêter avec eux cette nouvelle étape de leur vie.

– Tu ne connais peut-être pas les Galeries Lafayette ni le Printemps, confia Bronia à Marie, mais plusieurs de mes patientes y sont employées.

– C'est bien pour cette raison que tu as choisi cette adresse, n'est-ce pas ?

– Oui, reconnut Bronia, mais ce n'est pas tout. C'est un quartier un peu spécial.

– C'est-à-dire ?

– Connais-tu le mot « lorettes » ? Il vient de Notre-Dame-de-Lorette, le nom d'une église, et d'une rue aussi, juste à côté de mon cabinet. Au fil du temps, on a fini par l'utiliser pour désigner des femmes sans argent qui vivent dans le quartier et qui aimeraient rencontrer un homme riche. Elles attendent dans les cafés, marchent le long des grands boulevards, essaient d'attirer l'attention...

– Autant dire des prostituées, précisa Casimir Dluski.

– Elles n'ont pas la vie facile, répondit Bronia en le fusillant du regard.

Bronia marqua une pause. En repensant à toutes les histoires sordides qu'elle entendait dans le secret de son cabinet, elle avait le cœur gros.

– Quelle horreur ! murmura Marie.

– Elles ont très peur de se retrouver enceinte ou d'attraper la syphilis.

– Alors qu'il suffirait d'un préservatif pour les protéger, ajouta Casimir.

Marie était effarée. Que des femmes puissent avoir une vie aussi triste la dépassait complètement.

– D'où viennent-elles ?

– La plupart du temps, de la campagne. Elles espéraient réussir leur vie à Paris, et sont tombées sur des profiteurs. Ils leur font croire qu'ils les aiment, et elles se retrouvent coincées, à devoir leur verser de l'argent. Ce sont des voyous.

– Je ne sais pas comment tu supportes toute cette misère, déclara Marie. Moi, je préfère examiner des théorèmes...

– Chaque fois que je peux aider une femme... sourit Bronia.

Casimir Dluski leur servit de l'eau pétillante.

– Admirez mes nouveaux verres, mesdames. Magnifiques, non ? C'est du cristal de Bohême. J'aime avoir chez moi ce qu'il y a de plus beau. Ma femme par exemple.

Bronia leva les yeux au ciel :

– Casimir, tu me fatigues.

– Et toi, Marie, reprit-il, quoi de neuf ? Es-tu prête à rentrer à Varsovie ?

– Dans deux semaines, j'empaquette, je ferme ma grosse malle, et je prends le train. J'ai déjà acheté mon billet – un aller simple, bien sûr. Et au revoir Paris ! Notre cousin Josef Boguski m'a promis un emploi dans son laboratoire.

Marie reposa son verre puis poursuivit, d'une voix aiguë qui ne lui ressemblait pas :

– En ce moment, je m'entends assez bien avec un savant qui s'appelle Pierre Curie.

– Raconte !

– Nous nous retrouvons sur une foule de sujets, et…

Elle rougissait. Bronia et Casimir se jetèrent un coup d'œil entendu. Ils étaient décidés à ne pas l'interrompre. Elle poursuivit :

– Pierre Curie aime la campagne, et la science, et il s'intéresse à l'éducation et, ah oui ! il est très lié à son frère, et son père est médecin.

– En effet, sourit Bronia, cela fait des points communs.

– Et alors ? trépignait Casimir. Et alors ?

– Nous nous écrirons sûrement lorsque j'aurai quitté Paris.

– C'est tout ? s'exclama Casimir, déçu.

– Il m'a envoyé un article qu'il vient de publier, écoutez bien ce titre : « Sur la symétrie dans les phénomènes physiques ».

– Te l'a-t-il dédicacé, cet article ? demanda Bronia.

– Oui, « *À mademoiselle Sklodowska, avec le respect et l'amitié de l'auteur, Pierre Curie* », énonça Marie, qui s'en souvenait par cœur.

– D'accord, fit Casimir.

Bronia sursauta.

– Comment ça, d'accord ? Elle le connaît depuis un mois et, déjà, il lui fait un cadeau ! Quel garçon spontané ! Quand je pense que j'ai attendu des mois un signe de ta part !

– Tu oublies que je t'ai invitée à dîner au Café de la Paix, protesta son époux. Avec des chandelles, et un pianiste qui jouait du Chopin. Si tu avais préféré un article de sciences physiques, il aurait fallu le dire plus tôt.

– Vous n'allez pas recommencer ! implora Marie. Bronia, tu te trompes. Pierre Curie m'envoie son texte comme... comme un confrère. C'est purement professionnel.

– D'accord, lâcha de nouveau Casimir en faisant la moue.

– Arrête donc de répéter « d'accord » avec cet air entendu, le morigéna Bronia, c'est agaçant, à la fin. Marie, nous verrons bien si ce Pierre Curie t'écrit lorsque tu seras à Varsovie.

– Nous ne verrons pas s'il lui écrit, corrigea finement Casimir, mais plutôt ce qu'il lui écrit.

Bronia était triste de voir Marie rentrer en Pologne, même si la chose était prévue de longue date. Quatre ans ! Elles avaient passé quatre ans ensemble à Paris.

De son côté, l'aînée n'avait pas renoncé à l'idée de s'installer en Pologne avec Casimir et la petite Helena. Souvent, elle se prenait à rêver du jour où le pays regagnerait enfin son indépendance, et où son époux ne serait plus menacé de mort. « Ce jour-là, se disait-elle, de nouveau, elle pourrait vivre au côté de Marie, dans cette chère Varsovie qui les avait vues naître. » Ne serait-ce pas merveilleux ?

Chapitre 16
Sceaux et Varsovie, été 1894

Marie allait partir pour Varsovie, et Pierre Curie n'arrivait plus à dormir, ni même à se concentrer. Depuis qu'il avait rencontré cette jeune étudiante passionnée, il n'était plus le même. À Sceaux, dans la maison de ses parents, il tournait en rond.

– Vas-tu donc manger quelque chose ? lui serinait sa mère dix fois par jour.

– Viens donc admirer mes hortensias en fleur, lui proposait son père. Ils sont roses, et bleus !

Sans cesse, Pierre songeait à ces moments où il s'était retrouvé seul avec Marie. Il se revoyait monter les marches quatre à quatre pour rejoindre sa mansarde, sous les toits de Paris. Comme ils étaient bien, là-haut, tous les deux, à bavarder en buvant du thé... Rien que d'y penser, son cœur battait plus fort. Ils s'accordaient si bien ! Comme les deux pièces d'un puzzle. Pendant des heures, ils avaient partagé leurs pensées les plus profondes :

– Je rêve d'une vie entièrement consacrée à la science, avait-il expliqué à Marie.

– Et moi, de faire de nouvelles découvertes scientifiques.

– Toute découverte, même la plus petite, est un grand pas en avant.

Marie lui avait raconté ce qu'elle avait enduré pour en arriver là. Son enfance à Varsovie, avec sa mère malade, et son père qui, malgré sa situation précaire, avait tenu à tout prix à ce que ses filles fassent des études. Elle lui avait parlé de l'Université volante. Du pacte conclu avec Bronia, qui lui avait valu un emploi de gouvernante sur une exploitation de betteraves à sucre. De la joie de conduire ses propres expériences de chimie, aussi, en secret, la nuit, dans le laboratoire de son cousin Josef. Puis Bronia était venue la chercher en Pologne, et l'avait logée chez elle, rue d'Allemagne. Quatre années avaient passé et à présent, diplômée de sciences physiques et de mathématiques, elle pouvait rentrer à la maison, à Varsovie.

Et il l'avait laissée filer ! Non, mais quel imbécile ! Il n'avait pas osé protester, pas su la retenir, pas trouvé les mots pour lui demander de rester. Pauvre Pierre Curie ! Son cœur était en Pologne et sa tête était à Sceaux. Que faire ? Il réfléchit, trempa sa plume dans son encrier. Par où commencer ? « *Chère Marie* » ? « *Mademoiselle Sklodowska* » ? Non, rien de tout cela ne convenait. Devait-il lui faire part de ses sentiments véritables ? « *Mon aimée* » ? « *Ma bien-aimée* » ? Non, elle risquait de prendre peur. Et de ne pas lui répondre. Et comme il aurait l'air piteux, alors ! Pierre Curie ignorait tout des stratégies amoureuses. Il continuait à mordiller sa plume en espérant trouver les mots justes. Toute sa science ne lui était d'aucun secours.

Il en perdait le sommeil. En septembre, il le savait, Marie travaillerait probablement auprès de son cousin, qui dirigeait un laboratoire à Varsovie. Elle construirait sa vie en Pologne et lui, il continuerait à se ronger les sangs. Il la perdrait, définitivement, et il resterait sans recours. Combien de temps avant qu'un beau chimiste polonais n'entreprenne de la séduire ? En un clin d'œil, elle oublierait Paris. Parfois, peut-être, elle songerait à ses années à la Sorbonne. Peut-être en concevrait-elle une fugitive nostalgie. Se souviendrait-elle du timide savant français qui l'aimait en secret ? Rien n'était moins sûr.

« Tant qu'elle n'a pas d'emploi à Varsovie, tout espoir est permis. Je dois tenter une approche », se sermonna-t-il. Après tout, qu'est-ce qui empêchait Marie de revenir à Paris, hein ? Tiens, en voilà une bonne question ! Elle était très bien considérée par ses professeurs. Si brillante ! Et c'était déjà fini ? Quelle absurdité ! Deux licences, et puis quoi ? Qu'avait-elle besoin d'arrêter si tôt ? Tant de diplômes s'offraient à elle ! Surtout qu'à Varsovie, lui avait-elle expliqué, les jeunes filles ne pouvaient pas aller à l'université. La France lui tendait les bras. Et lui… lui, il l'attendait.

Un beau matin, il reçut une lettre de Marie. Elle se promenait avec son père dans les ruelles du centre-ville de Varsovie, lui racontait-elle, et le soleil était radieux. Pierre était si heureux qu'elle ait pensé à lui qu'il lui répondit immédiatement : « *Rien ne pouvait me faire plus plaisir que d'avoir de vos nouvelles. La perspective de ne pas entendre parler de vous m'était extrêmement désagréable.* »

Prenant sa respiration, n'écoutant que son cœur, il se lança :

« *Nous nous sommes promis (n'est-il pas vrai ?) d'avoir l'un pour l'autre au moins une grande amitié. Pourvu que vous ne changiez pas d'avis ! Ce serait une belle chose à laquelle je n'ose croire que de passer la vie l'un près de l'autre, hypnotisés dans nos rêves : votre rêve patriotique, notre rêve humanitaire et notre rêve scientifique.* »

Il arrêta d'écrire un instant et se relut : « *Passer la vie l'un près de l'autre* ». Marie comprendrait-elle qu'il voulait dire, former un couple ? Pas juste se côtoyer dans un bureau ? Il fit comme si elle avait prévu de revenir en automne, pour une nouvelle année universitaire :

« *Il est convenu que nous serions grands amis, mais si dans un an vous quittez la France, ce sera vraiment une amitié trop platonique que celle de deux êtres qui ne se verront plus. Ne vaudrait-il pas mieux que vous restiez avec moi ? Je sais que cette question vous fâche et je ne veux plus vous en parler – puis je me sens tellement indigne de vous, à tous les points de vue...* »

Si, avec cela, elle ne comprenait pas ce qu'il essayait de lui dire !

Mais dans sa réponse, Marie ignora soigneusement l'ambiguïté de ses formulations. De nouveau, elle insistait sur sa belle vie en Pologne. Elle était si attachée à son pays d'origine. Il le savait, pourtant : Bronia et Marie avaient fait des études dans le but de travailler à Varsovie, non de s'installer à Paris. « Je me suis mis en tête de la retenir en France, se dit-il tristement, de l'exiler de son pays et de sa famille, sans avoir rien de bon à lui offrir en échange de ce sacrifice. »

– Que se passe-t-il, mon Pierre ? lui demanda sa mère. Tu n'as pas touché à ma blanquette de veau.

– Cet après-midi, nous devrions fabriquer un épouvantail, lui rappela son père. Les moineaux sont nombreux cette année. M'aideras-tu, Pierre ?

Pourtant, constata tristement Pierre sans même leur répondre, sa sœur Bronia était bien restée à Paris, elle, elle n'était pas repartie en Pologne. Et ne soignait-elle pas des femmes ? Ne se vouait-elle pas à sa passion ? En matière de sciences, peu importent les frontières. Être utile en France était tout à fait possible. Qu'est-ce qui empêchait Marie de devenir chimiste à Paris ? Rasséréné par cette pensée, Pierre se servit une copieuse portion de blanquette avant de remonter dans sa chambre et de reprendre sa plume.

« Je vous conseille vivement de revenir à Paris au mois d'octobre. Cela me ferait de la peine si vous ne reveniez pas cette année ; mais ce n'est pas par égoïsme que je vous dis de revenir. Je crois que vous travaillerez mieux et que vous serez aussi indispensable ici qu'en Pologne. »

« Bien argumenté ! » se dit-il, content de sa stratégie.

***

À Varsovie, Marie était ravie de retrouver ses repères. Elle vivait avec son père, comme au bon vieux temps. Quelle joie pour le professeur vieillissant ! Il se sentait si seul, lui qui devait se contenter des rares visites de ses enfants Josef et Hela, lesquels n'habitaient pas tout près. Depuis que sa benjamine se trouvait de nouveau auprès de lui, de l'aube au crépuscule, il sifflotait.

Père et fille reprenaient leurs douces habitudes, leurs goûters et leurs conversations. En fin de journée, lorsque la chaleur estivale commençait à retomber, ils déambulaient sur les berges de la Vistule :

– Je venais ici avec ta mère, commenta Wladyslaw un soir, avant que tu ne sois née.

Un héron planait au-dessus de l'eau. Le vent dans les arbres apportait un peu de fraîcheur dans le soir d'été.

– Elle serait fière de vous, tu sais, reprit-il. J'espère que je vous ai élevés comme elle l'aurait voulu.

Marie ne dit rien. Que répondre à cette douleur qui ne cicatrisait pas ? Pas un jour ne passait sans qu'il songe à sa femme. Jamais il n'avait voulu en considérer une autre. Ce n'étaient pourtant pas les occasions qui avaient manqué. Plusieurs jolies veuves, émues par son sort, s'étaient rapprochées. La mère d'un élève, une voisine, la pharmacienne... « Un pédagogue exemplaire, se disaient-elles, qui a remarquablement éduqué ses enfants tout seul. On l'a même vu acheter un fer à repasser pour l'expédier à Bronia à Paris. Quel bon parti ! »

Il ne les avait même pas remarquées, fidèle à sa chère Bronislawa pour l'éternité.

– Il va falloir expliquer à ta nièce Helena qu'elle doit potasser ses sciences, elle aussi. La prochaine génération doit reprendre le flambeau.

– Helena n'a même pas trois ans, papa.

– Toi, à cet âge-là, tu connaissais déjà l'alphabet. C'est même Bronia qui te l'avait appris, en découpant des lettres dans du carton.

– Notre petite Helena préfère escalader les meubles.

– Le sport, c'est important, mais il faut aussi s'occuper de sciences. Tu lui diras de ma part.

Ils rirent tous deux, bras dessus bras dessous, et Marie s'aperçut, avec un léger pincement au cœur, que son père marchait moins vite que quand elle était jeune.

Quant aux lettres de Pierre Curie, elles plongeaient la jeune femme dans de troublantes réflexions. Si elle s'était écoutée, elle aurait repris ses études en France immédiatement. Elle avait adoré ses années d'université. Les professeurs aux barbes grises, l'amphithéâtre fleurant bon le bois ciré, le crissement de la craie sur le tableau noir, le chahut du cours qui s'achève... Même la chambrette qu'elle louait dans le Quartier latin... Que c'était bien, la vie d'étudiante ! Et quand elle rentrait de chez sa sœur, les bras chargés de provisions, forcée qu'elle avait été d'accepter ces dons sans quoi son beau-frère aurait fait une scène terrible ? Et les seaux de charbon qu'il fallait porter sur six étages, pour ne pas mourir de froid ? Et les brocs d'eau glacée ?

Longuement, elle réfléchit et discuta avec son père de l'éventualité de regagner Paris pour reprendre ses études. Or Wladyslaw n'avait jamais changé d'avis : plus on apprend, mieux c'est, estimait-il. Il admirait les réussites universitaires de Bronia et de Josef, tous deux médecins. Pourquoi Marie ne se serait-elle pas lancée dans une thèse de sciences physiques ou de chimie, si c'était cela qu'elle voulait ? L'assentiment de son père acheva de convaincre la jeune femme qu'elle devait regagner Paris. Son retour définitif à

Varsovie n'était repoussé que de trois ou quatre ans – le temps de soutenir sa thèse.

En outre, Pierre Curie l'amusait bien, avec ses courriers. Dans une lettre, elle l'informa de son intention de revenir à Paris. Malicieusement, elle glissa dans l'enveloppe une petite photo d'elle.

Pierre Curie était fou de joie. Elle lui annonçait son retour à Paris à l'automne. N'avait-il pas eu raison d'espérer ? « *Votre portrait me plaît beaucoup,* répondit Pierre, tout ému. *Quelle bonne pensée vous avez eue en me l'envoyant, je vous en remercie de tout mon cœur.* » À son frère, de passage à Sceaux, il montra la photo :

– Elle a l'air très décidée, commenta Jacques fort à propos. Têtue, dirais-je même. (Il avala une gorgée de limonade fraîche.) Dis-moi, Pierre, que va-t-il se passer lorsque Marie aura terminé sa thèse ?

– Elle repartira en Pologne.

– Ah non, ça suffit, fit Jacques en tapant du poing sur la table du jardin. Ça ne va pas recommencer ! Pourquoi ne resterait-elle pas en France ? Avec son diplôme, elle pourra sûrement trouver un emploi !

– Marie est polonaise, expliqua Pierre. Pour les étrangers, il n'est pas facile de travailler en France.

Le soleil d'été inondait le jardin des Curie. Jacques se leva, s'étira et fit quelques pas vers le bac de plantes aromatiques.

– Notre père a véritablement la main verte, constata-t-il. Regarde donc ce romarin, ce thym. Je pensais que ces herbes ne poussaient que dans le sud de la France. C'est incroyable.

– Que dois-je faire ? demanda Pierre.

– Tout dépend de ce que tu veux, analysa son frère.

– Marie est la meilleure chimiste que je connaisse.

– C'est tout ? Ne me dis pas qu'il n'y a rien d'autre entre vous. Tu ne serais pas dans un tel état.

– C'est vrai.

– Tu dois la convaincre de rester en France à tout prix, Pierre. Évidemment, ce serait plus simple si elle était française. Elle pourrait enseigner dans un lycée ou une école supérieure de jeunes filles.

– Tu as raison.

– Mais elle pourrait le devenir, ajouta Jacques, un sourire dans la voix.

– Quoi ?

– Française.

– Comment ?

– Épouse-la !

Chapitre 17
Paris, fin 1894-début 1895

À la fin de l'été 1894, Marie revint à Paris et reprit les cours à la Sorbonne. Bronia lui proposa de loger dans la chambre adjacente à son cabinet médical, rue de Châteaudun. Confort moderne, accès à l'eau courante : Marie n'aurait plus besoin de porter des tonnes de charbon jusqu'au sixième étage. Les deux sœurs s'étaient mises d'accord sur l'organisation. Lorsque Bronia arriverait le matin pour ouvrir sa consultation, Marie partirait à la Sorbonne. Elle rentrerait en fin de journée, lorsque, ses rendez-vous terminés, Bronia filerait rue d'Allemagne.

– Merci, Bronia, fit Marie en posant ses affaires. C'est tellement plus agréable que la petite mansarde sous les toits.

– Si tu ne veux pas rester à la bibliothèque tard le soir, tu pourras utiliser mon bureau. Tu seras tranquille.

– Tranquille, je ne le suis pas tellement en ce moment.

– Non ? Pourquoi donc ?

– Je crois, dit Marie hésitante, qu'il se passe quelque chose.

– Avec tes études ?

– Non, avec Pierre Curie.

– T'a-t-il embêtée ? A-t-il eu un geste déplacé ? A-t-il été... grossier ? Dis-le-moi ! S'il se comporte mal, j'irai lui dire deux mots.

– Pas du tout, au contraire, le professeur Curie est l'homme le plus délicat de toute la Sorbonne.

– Ce n'est pas très difficile, remarqua Bronia.

– J'ai l'impression qu'avec moi il ne se conduit pas exactement comme un professeur ou un collègue.

– Mais encore ?

– D'abord, il me dévisage avec des yeux de merlan frit. Ensuite, il me parle des différences entre fraternité professionnelle et sentiment personnel, et je n'y comprends rien.

– Moi non plus, pour l'instant.

– Il dit que nous avons des points communs exceptionnels.

– Lesquels ?

– Le fait que nous adorions tous les deux la nature et la science. Je t'assure, ça le met dans tous ses états. N'importe quoi ! Connais-tu quelqu'un qui ne s'intéresse pas aux nouvelles découvertes ? Qui n'aime pas se promener dans les bois ? Non, bien sûr que non. Il n'y a rien d'exceptionnel là-dedans. (Marie haussa les épaules.) Pfft.

Bronia la dévisageait, perplexe.

– Mais encore ?

– Je n'ai jamais rencontré quelqu'un comme lui. Toujours dans la lune. Il boutonne sa veste de travers, il oublie de boire le café qu'on lui apporte, il ne regarde pas quand il traverse la rue... L'autre jour, il n'a pas répondu au professeur qui lui parlait parce qu'il était en train d'observer une mésange sur une branche. « Professeur Curie ! » répétait l'autre. Mais Pierre ne pouvait détacher ses yeux de l'oiseau.

– Tu l'appelles Pierre ?

– Il s'est approché doucement pour voir la mésange de plus près, tandis que le professeur s'inquiétait : « Vous m'entendez, mon cher collègue ? Tout va bien ? » C'était fort amusant. Il était tellement absorbé par ce petit oiseau jaune et bleu qu'il en était devenu complètement sourd.

– Sa pauvre femme... Vivre avec un rêveur, ce ne doit pas être facile.

– Il n'est pas marié.

– Comment est-ce possible ?

– C'est un vrai scientifique. Rien ne doit le détourner de sa mission. La physique et la chimie : rien d'autre ne compte à ses yeux.

– Quel... dévouement.

– J'adhère totalement à son point de vue, affirma Marie. Si l'on entend consacrer sa vie à la recherche, mieux vaut éviter les histoires d'amour : elles t'empêchent de raisonner. Au lieu de travailler, tu te poses des questions à longueur de journée. Et te voilà prête à tout interrompre pour des retrouvailles qui, peut-être, ne dureront que dix minutes. C'est tellement absurde que c'en est presque drôle. Je le sais, car je suis passée par là. J'ai perdu beaucoup de temps à cause de Casimir Zorawski. J'en suis même devenue superstitieuse, moi qui suis si absolument rationnelle d'habitude.

– Juste ciel… murmura Bronia.

Pour la première fois, remarquait-elle, sa sœur avait prononcé le nom de Casimir Zorawski sans paraître souffrir affreusement.

– Oui, poursuivit Marie en souriant, j'étais superstitieuse, et je n'en suis pas fière aujourd'hui. Par exemple, j'apercevais une pie sur la branche d'un arbre et je me disais : « Si cette pie s'envole avant que je n'aie compté jusqu'à dix, nous nous verrons avant le dîner ; si l'ingénieur prend la jument beige au lieu du cheval noir et blanc, c'est qu'il pense à moi… »

– Nous faisons toutes ce genre de pari.

– Toi aussi ? s'étonna Marie.

– Attends, dit Bronia, je me souviens, je me disais : « Si le professeur met ses lunettes avant de s'asseoir, je vais croiser Casimir Dluski à la bibliothèque ! Si Stanislas porte son écharpe bleue, Casimir va m'inviter à dîner ! »

Elles levèrent les yeux au plafond. Comment étaient-elles capables d'être aussi bêtes ! Elles, des scientifiques !

– Le seul phénomène que la science est incapable d'expliquer, conclut Bronia, ce sont les émotions humaines.

– Le professeur Curie a eu une drôle d'idée, annonça soudain Marie. Il m'a proposé de partager un appartement.

– Ça alors !

– En tout bien tout honneur, tu l'imagines bien : comme deux amis. Il en a même repéré un qui pourrait se diviser en deux parties. Bien évidemment, j'ai refusé.

– Mon cher époux dirait qu'il n'y a pas que la chimie qui l'intéresse, ce jeune professeur…

***

Pierre Curie se comportait avec Marie en parfait scientifique : il s'obstinait à trouver une solution. C'était dans sa nature et il tenait cela de son père, le docteur Eugène Curie, qui avait voué sa vie à la médecine puis sa retraite à ses fleurs, mettant autant d'ardeur dans ces deux activités.

– La précision, mon garçon, répétait-il à son fils, voilà la clef du succès. En chimie comme en jardinage.

Pierre Curie n'avait jamais oublié ce que, plus jeune, il avait noté dans son journal intime : *« Il faut faire de la vie un rêve, et faire d'un rêve une réalité. »* Aujourd'hui, son rêve consistait en un simple prénom : Marie. Comment le transformer en réalité ? Elle était revenue de Pologne, c'était un premier pas. Mais comment la garder auprès de lui définitivement ? Les courriers qu'il lui avait envoyés n'avaient pas suffi – apparemment, elle n'en avait pas saisi la nature véritable. Elle avait même refusé qu'ils deviennent colocataires. Le pauvre savant se creusait la tête.

Finalement, il proposa à Marie de venir goûter chez lui, à Sceaux. Il entendait présenter la jeune femme à ses parents. Ainsi, arguait-il, elle connaîtrait une famille française chez qui elle serait toujours la bienvenue.

Assurément, c'était franchir un grand pas. Il n'ignorait pas ce que l'invitation pouvait avoir d'ambigu, mais il s'en moquait. Ses parents, des gens chaleureux, pouvaient peser lourd dans l'opération de conquête qu'il s'était assignée. Ils étaient cultivés, intelligents et modestes, comme elle, elle ne pourrait pas ne pas le voir. Ne lui avait-elle pas décrit Bronia et son mari Casimir Dluski, ainsi que leur père Wladyslaw, en des termes similaires ?

Marie, de son côté, hésitait à accepter. Elle devait d'abord en discuter avec sa sœur. Mise au courant, celle-ci en tomba à la renverse :

– Rencontrer ses parents ?

– C'est pour que je connaisse des Français un peu mieux.

– Des Français, sourit Bronia, il y en a beaucoup, en France. Ne sois pas naïve, allons. S'il te présente à ses parents, c'est qu'il veut leur opinion sur toi.

– Ah non, pas ça !

– Bon. Que sais-tu sur eux ?

– Ils ont un jardin plein de fleurs. Le père est un médecin à la retraite. Pierre a suivi toute sa scolarité à domicile. Il a passé son bac à seize ans sans jamais avoir été à l'école.

– Bien.

– Ils ont l'air gentil.

– Donc, tu vas y aller.

Le choix était délicat, Marie ne l'ignorait pas. Se rendre chez les parents d'un homme célibataire… Cela ne ressemblait-il pas à une sorte de promesse ? Elle ne voulait pas que sa venue soit mal interprétée.

– Oui, je vais y aller.

– Ouf ! Enfin ! Comment t'habilles-tu ?

– Comme je suis, répondit Marie.

– Nous allons repasser ta robe. Elle est très froissée. Et l'autre, elle est toute râpée. En plus, tu es si fine que je ne peux rien te prêter. Tu flotterais dans mes vêtements.

– Pierre Curie m'a dit que ses parents n'étaient pas snobs pour un sou. Ils ne s'attendent pas à de la haute couture.

– Tant mieux.

Marie enfila la robe repassée. Un doute continuait de la tourmenter. N'avait-elle pas commis une erreur en acceptant cette invitation ?

***

Les parents Curie étaient si heureux de voir leur fils s'intéresser à une jeune femme qu'ils avaient prévu d'être aimables à n'importe quel prix. Quand bien même Pierre leur aurait présenté une pimbêche fardée et horriblement superficielle, ils auraient fait en sorte qu'elle se sente chez eux parfaitement à son aise. Lorsqu'ils virent arriver Marie, cependant, avec sa robe modeste et ses souliers plats, ils comprirent qu'ils avaient eu tort de s'inquiéter. Elle leur serra la main avec une franche sympathie.

– Fais donc la visite du jardin pendant que je prépare le café, dit madame Curie à son époux.

Le docteur Eugène Curie s'empressa :

– Mademoiselle, *« allons voir la rose Qui ce matin avait déclose…*

– … *Sa robe de pourpre au soleil…* » reprit Marie en riant.

– Vous connaissez ?

– Mon père adore ce poème. Selon lui, Ronsard écrivait dans un français très chantant.

– Ces étudiantes polonaises, mon garçon, glissa-t-il en aparté à Pierre, crois-moi, elles en savent plus que les Françaises.

Puis il ajouta pour Marie :

– Votre père doit être un homme de goût.

Ils faisaient le tour des arbres, des arbustes et des bacs de fleurs.

– Ce pommier donne des kilos de fruits chaque année, expliquait le père de Pierre. Ses pommes sont si lourdes que la branche menaçait de casser. C'est pour cette raison que je lui ai mis un tuteur. Voyez-vous ces pâquerettes ?

– Elles sont adorables, monsieur.

– Vous trouvez aussi ? Ma femme se moque de moi, car j'ai une affection particulière pour les petites fleurs. En plus, je n'y suis pour rien, elles se sont plantées là toutes seules.

– Vous avez aussi des hortensias et des géraniums.

– C'est pour faire plaisir à ma femme. Sinon, j'aurais des ennuis !

Marie sourit. Eugène Curie semblait presque gêné du naturel avec laquelle ils bavardaient :

– La vie à Sceaux est très agréable. Ce n'est pas loin de Paris, comme vous l'avez vu. Ils viennent de prolonger la ligne de chemin de fer jusqu'au jardin du Luxembourg, ce qui est bien pratique.

– J'entends un merle !

– Bravo ! Vous reconnaissez les chants des oiseaux ?

– En Pologne, j'ai travaillé quelques années à la campagne. Mais le climat était plus rude qu'ici. L'hiver, tout était gelé.

– Alors ça, le gel, c'est très mauvais pour les plantes.

Le père de Pierre était enchanté d'avoir quelqu'un à qui expliquer ce qu'il fabriquait dans son jardin. Son épouse ne l'écoutait jamais longtemps, et son fils ne levait pas le nez de ses lectures. Décidément, cette jeune Polonaise lui plaisait beaucoup. De retour de balade, ils s'installèrent pour le goûter. Sophie Curie, une petite dame ronde avec un chignon gris et un sourire bienveillant, avait posé sur la table une brioche et un pot de café :

– Mon Eugène vous a-t-il montré son œuvre ?

– Marie connaît toutes les plantes, se réjouit l'intéressé.

– Pierre nous a raconté que vous étiez brillante, reprit sa femme.

– Oh, il ne faut rien exagérer…

– Ne rougissez pas. Soyez fière, au contraire. Si vous saviez comme nous avons lutté pour que les femmes aient le droit d'aller à la Sorbonne ! Ça n'a pas été facile. Les députés, les sénateurs, les conservateurs de l'université, les journalistes… Ils étaient tous contre. L'égalité, je ne sais pas pourquoi, ça les énerve. Ils ne veulent même pas nous accorder le droit de vote.

– Ma femme et moi, renchérit Eugène Curie, nous pensons qu'il est très important que les filles disposent des mêmes droits et des mêmes chances que les garçons.

La mère de Pierre prit la main de Marie dans la sienne.

– Grâce à des personnes comme vous, mon enfant, nous savons que nous avons eu raison de nous battre pour l'égalité. Vous honorez les femmes, la science et la France. (Elle servit le café, avant de reprendre :) Il paraît que votre sœur est médecin ?

– Gynécologue. Et médecin accoucheuse.

– Il était temps qu'il y ait des filles en médecine, affirma le père de Pierre.

– J'ai toujours pensé que les femmes voulaient être suivies par des femmes, approuva son épouse. C'est quand même intime, ces affaires-là.

– Les patientes de ma sœur lui racontent certaines histoires qu'elles ne pourraient pas dévoiler à un homme, renchérit Marie.

– Oh, vous savez, modéra le père, nous autres, médecins, nous avons tout vu.

– Quand j'ai rencontré Eugène, reprit Sophie Curie, il s'occupait des malades du choléra dans des quartiers de Paris si misérables que personne ne voulait y mettre les pieds.

– C'est sûr que je n'ai pas fait ça pour gagner des milliers, constata le vieux médecin, embarrassé par les déclarations de sa femme.

– Nous n'avons jamais eu à nous plaindre, fit Sophie en se retournant vers son mari. Si tu voulais faire fortune, tu n'avais qu'à devenir agent de change ou, que sais-je, entraîneur de chevaux ? Cependant, je ne t'aurais sûrement pas épousé. Je voulais un mari dévoué aux autres. N'est-ce pas, Pierre ? Pierre ?

– Oui.

– Mais dis quelque chose, enfin ! s'emporta sa mère, agacée par sa passivité.

– Je vais chercher du sucre, bafouilla le jeune homme. Pour le café. Le sucre.

– Nous avons compris, mon garçon. Tu le trouveras dans le placard de droite, au cas où tu aurais encore oublié. Ah, c'est qu'il est tête en l'air ! Avez-vous remarqué, Marie ? Se comporte-t-il de la même façon au bureau ?

– Pierre est le savant le plus compétent de sa génération, déclara Marie. Je l'admire énormément.

– D'après ce que je sais, commenta la mère de Pierre en plissant les yeux, c'est plutôt lui qui vous admire.

En toute discrétion, Sophie Curie flanqua un coup de coude à son époux. Ils vivaient ensemble depuis quarante ans et Eugène maîtrisait à merveille l'art de décrypter ses attitudes : « Cette petite a l'air formidable, disait Sophie sans le dire. Elle ferait une merveilleuse belle-fille, et j'espère que tu es d'accord avec moi. »

Dès qu'elle fut repartie pour Paris, Eugène et Sophie attrapèrent leur fils :

– Mon garçon, prévint sa mère, si tu la laisses filer, tu auras affaire à moi.

– Elle s'intéresse au jardinage, renchérit son père. C'est une femme qui comprend les passions des autres, qui les écoute vraiment lorsqu'ils partagent leurs connaissances. Une qualité très rare.

– Qu'attends-tu donc pour la demander en mariage, mon garçon ? Que les poules aient des dents ?

***

Marie, de son côté, avait été marquée par sa visite à Sceaux. Quelle famille touchante ! Quelle paix dans ce jardin, et quelle bienveillance ! Dans cette maison faite de bric et de broc, elle avait senti de la tendresse et du respect, et un lien très fort – comme chez son père à Varsovie. Quant à Pierre... Elle s'était véritablement attachée à lui, elle s'en rendait compte à présent. Lorsqu'ils n'étaient pas ensemble, il lui manquait, il lui manquait affreusement. Elle revoyait son sourire, son doux regard posé sur elle, sa jolie main faisant tourner la petite cuillère dans la tasse de café. Chaque idée qui la traversait, chaque réflexion qui gravitait dans son esprit, elle voulait lui en faire part. Peu à peu, il lui était devenu indispensable.

Bronia et Casimir avaient à leur tour décidé d'inviter Pierre Curie à prendre un thé rue d'Allemagne. À Marie, ils avaient proposé qu'elle leur présente son « camarade », comme s'il s'agissait seulement d'un bon ami, alors qu'ils avaient parfaitement compris ce qui se tramait entre eux.

Casimir Dluski, notamment, était convaincu que le professeur Curie voulait épouser Marie. Elle avait déjà vingt-sept ans, et l'idée n'était pas absurde. Cependant, elle impliquait que la jeune femme reste définitivement en France, ce qui n'était pas rien. Mais pourquoi pas ? Josef et Hela vivaient tous les deux à Varsovie, Wladyslaw n'était pas seul. Marie, selon lui, devait suivre les inclinations de son cœur et son cœur, pensait-il, était à Pierre Curie.

Bronia ne partageait pas son point de vue. Elle avançait que Marie n'avait pas la moindre intention d'épouser Pierre Curie, ni qui que ce soit d'autre, d'ailleurs. Que pour elle, mariage et recherche scientifique étaient incompatibles.

En attendant, Casimir et Bronia trépignaient d'impatience à l'idée de rencontrer le prétendant de Marie. Si leurs opinions sur les sentiments de Marie divergeaient, ils avaient tous deux compris que le timide trentenaire était follement épris d'elle.

Par un bel après-midi de printemps, Pierre et Marie avançaient rue d'Allemagne. Chemin faisant, Pierre Curie expliquait à Marie sa dernière idée :

– Je sais que vous comptez rentrer un jour en Pologne, et voici ce que je vous propose : je viens avec vous.

– À Varsovie ?

– Absolument. Je donnerai des leçons à des élèves qui parlent français – le temps d'apprendre le polonais.

– Vos expériences, où les conduirez-vous ?

– J'espère trouver une place dans un laboratoire là-bas. Ainsi, je continuerais ce que j'ai commencé.

Les marronniers étaient en fleur. Quelques garçons entraient dans le gymnase de briques rouges qui faisait face à l'immeuble de Bronia. Marie s'arrêta un instant :

– Vous, en Pologne ? Voyons, Pierre, c'est complètement absurde. Votre carrière est ici. Quelle idée de quitter Paris, alors que vous êtes en pleine ascension, respecté et reconnu !

– Et très mal payé, ajouta-t-il sombrement.

– Ce serait pire à Varsovie. Vous seriez comme un étudiant donnant des cours particuliers pour gagner quelques sous. Vous êtes tombé sur la tête.

– Je vois, sourit Pierre, que ce n'est pas l'idée d'être ensemble qui vous déplaît, mais celle de me voir quitter mon poste de professeur à Paris pour tenter l'aventure en Pologne.

Marie éclata de rire. *Touchée*. Protester était difficile. Devant la porte de l'immeuble, porté par un optimisme démesuré, Pierre lui barra le passage :

– Marie, dit-il en balbutiant, je... je crois que je vous aime.

– Pierre !

– Je vous aime depuis notre première conversation, vous vous en souvenez ? Quand vous m'avez parlé de votre sœur, des lilas qui ont l'odeur du miel, de votre obsession pour la chimie.

– Des passants nous regardent... tenta Marie en rougissant.

– Depuis le début, poursuivit-il, ignorant sa remarque, je sens que vous êtes faite pour moi, et moi pour vous. Je le sais. Ne me dites pas le contraire.

– Allons-y... Bronia et Casimir vont se demander où....

– Marie, je n'ai jamais été aussi sûr de moi de toute ma vie.

Il la prit contre lui et caressa maladroitement ses cheveux :

– Marie, murmura-t-il, Marie, si vous saviez...

Elle leva les yeux sur lui et, sans réfléchir, lui tendit ses lèvres. À l'ombre du porche, ils s'embrassèrent précipitamment.

***

En gravissant les marches de l'escalier, Marie tenta de se recoiffer tant bien que mal. Ses joues étaient en feu. Comment recouvrer son calme, sa sérénité, après ce qui venait de se passer ? Derrière la porte des Dluski, on entendait des notes de piano. Bronia ouvrit la porte, Helena à son côté.

– Bonjour, tante, fit la petite fille aux boucles blondes en sautant dans les bras de Marie.

– *Kochanie !*

– Ça veut dire « ma chérie », expliqua Bronia à Pierre.

– *Kochanie !* reprit Casimir, qui avait interrompu son récital pour accueillir les invités. Un mot très utile, Pierre, vous verrez. Appréciez-vous la musique ?

– Particulièrement ce *Nocturne* de Chopin en *sol* majeur, répondit Pierre Curie.

Casimir Dluski applaudit chaleureusement.

– Bravo ! Quelle culture ! Vous êtes ici chez vous, mon cher !

Marie se tenait comme une débutante à son premier bal. Elle lissait sa robe sans cesse et manqua plusieurs fois renverser sa tasse. Elle était rouge comme une tomate.

Furtivement, elle surprit le regard maternel de sa grande sœur qui, évidemment, avait tout compris. Pendant ce temps, Pierre et Casimir discutaient passionnément. Ils semblaient s'entendre comme larrons en foire.

– Dites-moi, Pierre, avez-vous lu dans les journaux ce que l'on dit de l'affaire Dreyfus ? Croyez-vous que le capitaine Dreyfus soit coupable de trahison envers la France ?

– Certainement pas. J'espère qu'un jour on rétablira la vérité et qu'on le fera sortir de cet épouvantable cachot. Quelle honteuse façon de traiter un homme !

– Exactement ! À la vôtre ! Bronia, ma chérie, nous n'allons pas trinquer avec du thé. Va donc chercher la vodka. Montrons à Pierre comment l'on fraternise, chez nous, en Pologne. Allez, mon cher, cul sec !

Le pauvre Pierre n'avait pas l'habitude de boire. Il sentait l'alcool lui chauffer les oreilles. Dans le salon, les meubles se mirent à tanguer. Voilà que le napperon se déplaçait tout seul sur le guéridon, et que le dessus du buffet faisait des vagues. « Oui, se dit Pierre, voilà qui est étrange : l'espace vacille. » Il allait falloir dire non à la prochaine vodka et retrouver une contenance. N'était-il pas en train de boire avec sa potentielle belle-famille ? Pierre Curie fixa un point sur sa droite – cinq secondes –, puis un point sur sa gauche, puis de nouveau sur sa droite. Il avait lu quelque part que cela atténuait les effets de l'alcool.

– Tu aimes cette vodka ? lui demanda Helena.

– C'est elle qui m'aime, répondit Pierre en riant.

– *Kochanie*, laisse le professeur Curie tranquille, la pria Bronia.

– Ma fille a raison, s'écria Casimir. Notre ami doit prendre goût à ce qui vient de Pologne. Pas vrai, Marie ?

– Ne vous en faites pas, mon cher, je suis déjà… euh, conquis, bredouilla Pierre, qui ne savait plus très bien comment se tenir. Si vous saviez !

Chapitre 18
Paris, 1895

Le lendemain, en arrivant au cabinet rue de Châteaudun, Bronia retrouva une Marie particulièrement enjouée.

– Ça va ?

– Oui, bien. Très bien même. Très, très, très bien.

– Tiens, tiens…

– Pierre et moi, nous nous sommes embrassés.

Un large sourire illumina le visage de sa sœur. Elle hésitait à lui en demander plus. Gênant, mais si intéressant ! « Quand vous êtes-vous embrassés ? aurait-elle pu oser. Où ? Comment ? Pendant combien de temps ? Qui a fait le premier pas ? »

– C'était bien ? demanda-t-elle avant de regretter immédiatement son indiscrétion.

– C'était mieux que ça.

Désormais, Marie et Pierre étaient officiellement un couple. Bien sûr, il faudrait encore plusieurs semaines avant que Pierre ne se décide à se jeter à l'eau et ne présente une demande en mariage en bonne et due forme, un genou à terre, comme sa mère le lui avait recommandé. Marie n'hésita pas une seconde, tant elle était certaine d'avoir rencontré son double, son complice, son prince charmant. Elle était folle amoureuse de Pierre Curie et elle savait, viscéralement, qu'il était l'homme de sa vie. Il avait cette intelligence et cette douceur qu'elle avait toujours recherchées chez ses semblables, hommes comme femmes. Il respectait ce qu'elle était, ce qu'elle pensait, il comprenait son goût du travail et sa passion pour les sciences, et c'était au creux de ses bras qu'elle se sentait le mieux au monde. En toute hâte, elle avait informé Bronia de la grande nouvelle ; Bronia avait fondu en larmes. Ce devait être la troisième fois de sa vie que Marie voyait sa sœur pleurer, et la première fois qu'elle la voyait verser des larmes de joie.

Le plus difficile, pour Bronia, fut de convaincre Marie de trouver une tenue appropriée à la circonstance. Mariage ou pas, Marie était persuadée qu'un chapeau neuf ferait l'affaire – éventuellement, un châle blanc sur les épaules. Sans sa sœur, la jeune femme aurait pu se contenter toute sa vie de deux robes, choisissant la moins froissée pour les grands événements. Les deux sœurs étaient d'accord sur un point : pas question de dépenser une fortune pour des habits qui ne seraient portés qu'en de rares occasions. De leur enfance en Pologne, elles avaient gardé le goût de la mesure et de la modération. En aucun cas l'argent ne devait être jeté par les fenêtres. Néanmoins, il s'agissait d'un mariage, et Bronia ne pouvait s'empêcher de défendre certains principes :

– Bien entendu, nous allons t'acheter une robe blanche.

– Jamais de la vie.

– Un mariage doit ressembler à un mariage, et une mariée, à une mariée.

– Si j'achète une nouvelle robe, concéda Marie, je veux pouvoir la remettre, y compris pour travailler.

– Tu comptes enfiler ta robe de mariée pour tes expériences de chimie ?

– Oui.

– Ce n'est pas une robe qu'il te faut, soupira Bronia, légèrement excédée, c'est une blouse !

– Un vêtement que je pourrai porter au laboratoire. Sombre.

– Pas noir.

– D'accord. Mais pas trop clair non plus.

Bronia possédait l'adresse d'une couturière polonaise installée à Pigalle, dont on lui avait dit le plus grand bien. Son atelier se nichait dans une petite rue en pente, d'où l'on pouvait voir la toute nouvelle basilique du Sacré-Cœur.

La dame mesura Marie avec son mètre souple, nota les proportions sur un petit cahier et proposa de confectionner une robe cintrée.

– Le col, comment le voulez-vous ? Qui remonte ?

– Pas trop. Je veux pouvoir respirer.

– Vous n'avez qu'à créer un décolleté, plaisanta Bronia.

– Ne l'écoutez pas, protesta Marie. J'aimerais un col qui s'arrête là, vous voyez ? fit-elle en montrant la ligne qui séparait son cou de ses épaules.

La couturière sortit quelques échantillons de tissu blanc, ivoire et blanc cassé. Rien, cependant, ne convenait à Marie qui, au grand dam de Bronia, finit par choisir un coton bleu marine, rayé de turquoise. De jolies couleurs, décida Marie, qui feraient ressortir ses yeux.

– Voulez-vous choisir le tulle afin que je monte le voile ? demanda la couturière.

– Ce ne sera pas nécessaire, fit Marie, nous nous marions à la mairie.

– Puis à l'église ?

– Non, non, c'est tout. Nous voulons quelque chose de très simple.

– À mon époque, soupira la dame, perplexe, on se mariait devant Dieu. Sans quoi nos parents et nos grands-parents ne nous adressaient plus jamais la parole.

– Les temps changent, conclut Marie en souriant.

***

Le 26 juillet 1895, dans sa chambre, Marie enfila la robe bleu marine rayée de turquoise, et regarda longuement son reflet dans le miroir : aujourd'hui, elle allait se marier. Incroyable. C'était bien elle, n'est-ce pas ?, cette jeune femme prête à dire « oui » à Pierre Curie, à embarquer sur le paquebot de la vie conjugale, à explorer ce monde nouveau. C'était bien elle, Marie Sklodowska, née à Varsovie, vingt-sept ans et demi plus tôt. Sirotant son thé, elle songea que c'était la dernière fois qu'elle se réveillait en ce lieu.

Elle aurait aimé que sa chère Bronia soit avec elle en cet instant, mais la jeune femme se trouvait avec leur père Wladyslaw, arrivé spécialement de Varsovie pour le mariage. Elles étaient convenues que Pierre lui-même viendrait chercher Marie rue de Châteaudun. Après quoi ils prendraient l'omnibus, puis le train pour Sceaux, où se déroulerait la cérémonie.

Pierre était en route. Nerveux, il s'occupait l'esprit. « *Combien de fois ai-je pris ce train de Paris à Sceaux ? Disons que je fais l'aller-retour cinq fois par semaine. Voyons : il y a cinquante-deux semaines dans l'année. Disons quarante, à cause des vacances : 5 allers-retours x 40 semaines = 200 allers-retours par an. Sur quinze ans, disons 3 000 allers-retours. Donc, si on compte les allers et les retours, j'ai fait ce trajet au moins 6 000 fois. Ça alors !* »

À force d'élaborer ce genre de calculs, il manqua se cogner dans un réverbère. Il se souvint comment il montait à la mansarde de Marie, agité, tremblant, déjà amoureux. Il repensait aux lettres qu'il lui avait écrites, à toutes celles qu'il n'avait pas osé lui envoyer aussi, parce qu'il en disait trop, parce qu'elle aurait pris la fuite devant tant d'ardeur, parce qu'il était, au fond, le savant le plus timide de toute l'université. Jamais il n'avait su s'y prendre avec les femmes. Pendant des années, il avait réussi à se convaincre que l'amour détournait les gens de leur mission et que, s'il voulait traiter la science avec les hommages qui lui étaient dus, il devait sacrifier cette partie de l'expérience humaine, celle où on aime, où on partage la vie quotidienne, où, peut-être, on construit une famille. Tel un ermite, il était entré dans les ordres scientifiques.

Jusqu'à ce qu'apparaisse, au beau milieu de ce chemin soigneusement tracé, une ravissante Polonaise, et qu'elle chamboule tout. Maintenant qu'il la connaissait mieux, il savait qu'elle avait pensé comme lui : pas de mariage, tout pour les sciences. N'était-il pas extraordinaire que le hasard ait fait si bien les choses ? L'amour ne pouvait être dompté ou circonscrit par des théorèmes, des vecteurs, des racines carrées. Quelles étaient les probabilités de tomber ainsi sur la femme de sa vie ? Surtout quand on avait tout fait pour éviter les situations ambiguës, surtout quand on avait prouvé, et il s'y était employé, qu'un homme peut très bien n'entretenir aucun rapport de séduction avec les femmes qui l'entourent. Une tornade avait bouleversé tous ses principes. Pierre Curie était si heureux d'épouser Marie qu'il se retint d'embrasser le concierge qui passait le balai devant l'immeuble.

Marie, frissonnant de la tête aux pieds, arpentait de long en large le cabinet de Bronia. Puis elle entendit Pierre frapper à la porte. Le cœur battant, elle ouvrit, et elle le vit qui se tenait là, dans ce costume qu'elle n'avait jamais vu, les cheveux et la barbe en bon ordre. Il lui tendit un petit bouquet de violettes et lui dit :

– *Kochanie.*

Le premier mot du jour de leur mariage, il l'avait dit en polonais. Il passa une main douce sur la joue de Marie, qui se sentit fondre.

Devant le maire de Sceaux et leurs familles réunies, ils se prirent solennellement pour époux. Le témoin de Marie était son beau-frère chéri, Casimir Dluski. Pour Pierre, c'étaient des oncles. Les nouveaux mariés reçurent un cadeau de mariage inhabituel : deux vélos. Tout le monde savait qu'ils adoraient les promenades hors de Paris. Avec ce présent, de beaux week-ends les attendaient.

Pour le repas de noces, Sophie Curie avait cuisiné de la dinde. Sur la table du jardin, elle avait posé un panier de pêches mûres. Bronia était extatique.

– Merci de nous recevoir, madame Curie. Comme c'est joli chez vous !

– Soyez la bienvenue, ma chère. Eugène et moi-même sommes ravis de ce mariage, et très heureux de rencontrer enfin votre famille de Varsovie.

– Ils sont beaux, nos jeunes mariés, n'est-ce pas ?

– Oui, c'est ce que je me disais à l'instant. Ils sont très bien assortis. Vous savez, mon fils fera un mari aussi merveilleux que son père, et je sais de quoi je parle. Voici quarante ans que ça dure.

Eugène Curie, justement, s'était trouvé une nouvelle alliée : la petite Helena. Comme il adorait les enfants, il avait entrepris de lui montrer les secrets de son cher jardin. En un sens, il trouvait plus distrayant de discuter avec des petits plutôt qu'avec des adultes.

– Pourquoi l'herbe est toute jaune ? demanda l'enfant, qui avait trois ans et demi.

– Eh bien, mon poussin, connais-tu les saisons ? Nous sommes en été. Ensuite viendront l'automne, l'hiver et le printemps. C'est important de savoir ça si l'on aime les fleurs. Au printemps par exemple, les champs sont couverts de coquelicots. Ce sont des fleurs rouges. Elles sont fragiles et leur tige est toute fine. En été, l'herbe jaunit.

– Et ça, c'est quoi ? demanda Helena en désignant de petites baies rouges.

– Des groseilles. Et là, ce sont des framboises. Tiens, veux-tu goûter ?

– C'est bon ! Encore, s'il vous plaît.

– Nous ne pouvons pas trop manger de fruits car ma femme, Sophie, nous a préparé un bon déjeuner.

– C'est quoi, dans la cabane ?

– Mes outils de jardinage. C'est là que je range mon râteau, ma brouette... Veux-tu jeter un coup d'œil à l'intérieur ?

Il tenait par la main cette petite blondinette qui, à midi, était devenue comme sa petite-nièce par alliance. Il enleva le loquet, et Helena entra prudemment dans la cabane, une main contre le mur, les yeux grands ouverts parce qu'il faisait un peu sombre.

– Ça sent bon !

– C'est l'odeur de la terre. Tu pourras revenir, si tu veux. Si ça t'amuse, nous jardinerons ensemble.

– C'est quoi, ça ?

– Ça s'appelle un sécateur et ça sert à couper les rosiers. Attention, mon poussin, il ne faut pas y toucher, parce qu'on peut se faire mal.

– Et c'est quoi ça ?

– Mon tablier pour ne pas me salir.

– Et ça ? C'est quoi, ça ?

– Un arrosoir pour verser de l'eau si la terre est sèche. Allez, Helena, si nous rejoignions les autres ? Ils vont penser que nous avons disparu.

– Ils vont penser qu'on est partis en voyage.

Il referma le loquet et plissa les yeux à cause du soleil. Wladyslaw Sklodowski s'approchait en souriant :

– Mon cher Eugène, parleriez-vous de sciences physiques avec ma petite-fille ?

– J'aimerais bien, mon ami, j'aimerais bien. D'autant qu'avec les filles de votre famille, je le sais, il n'est jamais trop tôt pour les sciences. Cependant, tout ce qu'elle veut, c'est manger mes framboises.

***

Quelques jours après leur mariage, Pierre et Marie pédalaient sur leurs nouvelles bicyclettes, heureux, à la découverte de la verte campagne française. Ils avaient pris avec eux *Le Guide des environs de Paris*. On y trouvait l'histoire des monuments, les circuits, et même le prix des repas : deux francs cinquante à l'auberge de la Cloche, trois francs à l'hôtel de la Croix-d'Or… Dans les épiceries de village, Pierre et Marie achetaient du pain, du fromage, et quelques cerises. Ils longeaient des champs de blé, admirant les gorges sauvages et les rivières. Puis ils posaient leurs vélos contre une palissade et s'enfonçaient dans les sous-bois, écartant les branches. Ensuite, assis sur leur couverture, ils pique-niquaient au bord d'un ruisseau. C'était l'occasion de parler de leurs projets.

– Bientôt, annonça Pierre en coupant le pain, au cours d'un de leurs déjeuners sur l'herbe, tu pourras demander un poste d'enseignante.

– Oui, mais à force de gambader dans la forêt avec toi, je vais prendre du retard dans mon travail, rétorqua Marie.

– Toi ? Laisse-moi rire ! Je te connais : dès que nous serons à Paris, tu ne feras plus que ça.

Ils repartirent de plus belle, roulant l'un derrière l'autre, ou côte à côte. Enfin, épuisés, ils frappèrent à la porte d'une auberge qui leur paraissait accueillante :

– Bonsoir. Auriez-vous une chambre libre ?

Comme ils n'étaient pas riches, le confort de ces demeures était plutôt modeste. Un lit double qui grinçait, des rideaux aux teintes passées, un broc d'eau ébréché... Mais pour Pierre, ces détails n'existaient pas – ils ne faisaient pas partie de ce qui comptait dans sa vie. Quant à Marie, du moment qu'elle était avec lui, peu lui importait la couleur du papier peint.

Ils prirent leur dîner dans une petite salle à manger, installés à une table recouverte d'une nappe à carreaux rouges et blancs. Tant de kilomètres à bicyclette les avaient affamés. La plupart du temps, lorsqu'ils s'arrêtaient pour souper, ils s'empressaient de commander le plat du jour, un bon gratin dauphinois ou une fricassée de volaille. Ce soir-là, c'était un délicieux petit salé aux lentilles qui fumait dans la soupière.

– Allez les amoureux, la spécialité du chef ! s'esclaffa l'aubergiste.

Son tablier tombant sur son ventre, il regagna ses fourneaux. Pierre planta sa fourchette dans la saucisse de Morteau et la coupa en deux, pour en donner la moitié à Marie. Ainsi s'installaient peu à peu entre eux des gestes familiers, tendres et intimes.

– Sais-tu que le mot « auberge » vient du verbe « héberger » ? demanda Pierre. Comment dit-on « auberge » en polonais ?

– *Zajazd*.

– Et « pain » ?

– *Chleb*.

– *Kleb*.

– Non ! *Chleb !*

Marie éclata de rire :

– Comptes-tu te mettre sérieusement au polonais ?

– Je veux pouvoir parler avec ta famille.

– Ils sont tous bilingues, au cas où tu ne l'aurais pas remarqué.

– Je veux les impressionner.

– Quelle idée ! dit-elle en clignant des yeux. Ils t'ont accordé ma main ; tu n'as plus besoin de t'inquiéter.

– Toi, tu m'as accordé ta main. Pas eux.

Elle le contempla avec un sourire attendri.

– J'adore quand tu es heureuse, dit Pierre, fébrile, en lui caressant les doigts.

– Il est vrai que ce serait pratique, si tu parlais le polonais, concéda Marie qui, en matière de débordements affectifs, n'était pas plus à l'aise que lui en public. Comme ça, si un jour nous allons ensemble à Varsovie, je n'aurais pas besoin de te servir de traductrice.

– Exactement ! Comment dit-on « exactement » en polonais ?

– On dit « ça suffit » ! répondit Marie en pouffant.

Ils terminèrent leur repas et, tout en se chamaillant gentiment, gagnèrent leur petite chambre qui donnait sur un sentier peu passant. Comme c'était fascinant de pouvoir ainsi passer vingt-quatre heures sur vingt-quatre avec quelqu'un ! Ce sentiment d'intimité plaisait énormément à Marie. Il y avait des années, dans les champs de betteraves de Szczuki, elle avait pensé tirer un trait définitif sur l'amour fusionnel. Elle se rendait compte, à présent, que l'amour qui la liait à Pierre était plus fort, plus complet, plus profond que tout ce qu'elle aurait pu imaginer.

***

Pour la fin de l'été, Bronia eut une idée. À Chantilly, près de Paris, elle loua une ferme pour y réunir toute la famille : Casimir et sa fille, Helena, Eugène et Sophie Curie, Wladyslaw ainsi que Pierre et Marie, dès que le jeune couple serait rentré de sa lune de miel à bicyclette. Mais lorsque ce fut chose faite, Bronia s'aperçut que la maison était pleine à craquer, ce qui exigeait d'elle un solide sens de l'intendance. Les hommes ne prenaient pas volontiers part aux tâches ménagères, Sophie Curie n'était pas très en forme, et Helena était encore petite – à peine si on pouvait lui demander d'apporter un bol ou une assiette. Bronia aurait voulu que Marie participe plus assidûment aux tâches ménagères. En prenant tout en charge du temps de leur jeunesse, elle avait laissé s'installer de mauvaises habitudes chez sa sœur. Marie, en effet, avait tendance à se laisser porter par les événements. Elle ne prenait pas d'initiatives en cuisine, n'aimait guère planifier les repas, et encore moins laver la salade ou vider des truites. Bien souvent, elle lisait sous un arbre dans le jardin tandis que Bronia s'agitait dans la cuisine. Peu à peu, Bronia se rendit compte qu'à ce train-là ses vacances risquaient de ne pas en être. Elle décida alors de prodiguer à sa sœur quelques conseils domestiques. Un matin, alors qu'elle épluchait des carottes et que Marie attendait, tranquillement assise sur une chaise, que le repas soit prêt, elle lui demanda si elle ne voulait pas apprendre deux ou trois choses utiles à la tenue d'un foyer.

– Pierre s'en fiche, répondit Marie.

– Et toi ?

– Je m'en fiche aussi.

– Une femme mariée doit savoir préparer un repas, s'indigna Bronia.

– Pierre m'aime comme je suis.

– Ce n'est pas la question. Personne ne passe vingt-quatre heures sur vingt-quatre dans un laboratoire. Il faut bien vivre. Fini, l'époque où tu ne mangeais que des radis.

– La cuisine, c'est une perte de temps, s'entêta Marie. Personnellement, je préfère me consacrer à mes études.

– Et si tu reçois ? s'inquiéta Bronia. Si tu invites des gens ?

– Tu nous imagines, organiser des dîners mondains ? Au pire, je pourrais toujours faire porter des plats du restaurant à côté.

– Mon Dieu ! Jusqu'à maintenant, tu as vécu comme une étudiante. Il faut que ça change. Tu es une femme mariée, à présent. Ma-ri-ée.

– Je suis encore étudiante, je te signale.

Bronia versa les rondelles de carottes dans la marmite où fondaient déjà les oignons, les poireaux et le lard.

– Tu es aussi madame Pierre Curie, épouse du directeur de l'École de physique et de chimie. Tu as presque trente ans. C'est le moment d'acquérir un peu de maturité.

– Je ne vois vraiment pas en quoi éplucher des légumes serait un signe de maturité, lâcha Marie, hautaine.

– Pardon ?

Bronia sentit qu'une sourde colère la gagnait. Elle passait des heures dans cette cuisine pour satisfaire les convives, et Marie osait lui lancer une telle pique ! Elle, dont tout Paris connaissait les talents de cuisinière ! Elle dénoua son tablier, le posa sur une chaise, et sortit précipitamment de la cuisine. Et tant pis si les carottes brûlaient.

– Bronia, attends... fit Marie en la suivant dans le couloir.

– Si tu ne vois pas que je me fatigue du matin au soir pour nourrir toute la famille du mieux que je peux, si tu ne vois pas que mes efforts contribuent au bien-être général, je n'ai qu'à arrêter. Me mettre en grève, tiens : je fais grève. Vous allez voir la différence. Crois-tu que le bonheur de l'humanité passe uniquement par le progrès scientifique ? Ne penses-tu pas que, parfois, le monde a besoin d'une grosse casserole pleine d'ingrédients pesés, lavés, taillés, découpés, marinés, mitonnés, rissolés, assaisonnés ? De la bonne viande ? Une vraie sauce ? Ne mange-t-on pas fort bien ici, tous les jours ? Grâce à qui, à ton avis ? Grâce à quelqu'un comme moi qui se demande en permanence comment satisfaire tout le monde ! Qui veille à ce que tous soient nourris, et satisfaits ! À ce que le vin soit délicatement choisi ! À ce qu'il y ait un bouquet de fleurs sur la table ! Tout ça, ça compte, tu sais, même si tu n'y as jamais prêté attention. Ça n'arrive pas par magie, il faut des heures de travail. Ah, naturellement, c'est moins glorieux que de triturer des microscopes. Pourtant, je t'assure, c'est tout aussi important. Et maintenant, débrouillez-vous sans moi !

Elle sortit comme une flèche et claqua la petite porte arrière du jardin. Les autres ne l'avaient pas vue, qui se prélassaient au soleil devant la maison.

Sur le petit sentier qui menait à l'étang, Bronia essaya de se calmer, de reprendre sa respiration. Ce n'était pas souvent qu'elle s'énervait ainsi. Mais soudain, elle en avait assez. D'ailleurs, elle ne regrettait absolument pas ce qui venait de se passer. Elle avait dit ce qu'elle avait sur le cœur. De là où elle se trouvait, elle entendit bientôt des voix qui montaient du jardin :

– Ça sent le brûlé dans la cuisine ! criait Casimir. Bronia, ça crame !

– Mettez de l'eau dans la casserole ! hurla Sophie en retour. Ça ne doit pas encore être complètement foutu !

Bras levés, Bronia se mit à tourner sur elle-même sous les platanes du sentier, puis esquissa des pas de danse. Elle sautilla sur quelques mètres et s'élança en l'air, telle une ballerine. Certes, elle était grande, lourde même, et raide : rien à voir avec les petits rats fluets de l'Opéra. Mais de ça aussi, elle se fichait ! Sa maturité, elle l'avait jetée aux orties, et elle dansait maintenant comme une fée à travers la campagne.

L'espace d'un instant, elle n'était plus du tout la docteure Dluska, spécialiste des infections, des femmes désemparées et des bébés rachitiques. Elle n'était plus madame Casimir Dluski non plus, tiens, épouse modèle d'un charmeur invétéré – croyait-il qu'elle ne l'avait pas vu faire du gringue à la jeune femme qu'elle avait embauchée pour s'occuper d'Helena ? Il lui parlait comme il avait parlé à cette serveuse, dans le temps, cette Louise : « Ah, ma petite Marthe, l'avait-elle entendu dire, si j'avais vingt ans de moins ! »

Elle n'était plus la gentille maman d'Helena Dluska, cette casse-cou téméraire qui avalait des cailloux et torturait des escargots.

Elle n'était plus la fille de Wladyslaw Sklodowski, à qui il fallait tout répéter trois fois et qui, bientôt, repartirait seul, vieux et fragile, vers sa Pologne, la laissant le ventre noué de culpabilité.

Et elle n'était plus la sœur de Marie Curie, qui refusait de comprendre qu'être adulte, ce n'est pas seulement vivre d'amour et d'eau fraîche.

Elle était… Elle était elle-même : une femme de trente ans, qui n'avait pas eu une seule journée de vacances de toute sa vie.

Au bord de l'étang, elle déboutonna sa robe, laissa tomber son jupon à ses pieds, ôta ses bas et ses chaussures. Il ne lui restait que ses dessous blancs. Elle entra dans l'eau et se mit à nager en regardant les libellules.

Chapitre 19
Paris, 1895-1897

La crise de Bronia à Chantilly était justifiée, et Marie le savait. Aussi avait-elle décidé de suivre les conseils de sa sœur qui, en matière conjugale, avait beaucoup d'expérience. De retour à Paris, elle entra dans une librairie du Quartier latin pour acheter un livre de recettes, *La Nouvelle Cuisine bourgeoise*. Elle le brandit fièrement sous le nez de sa sœur et annonça son intention de commencer par réussir une omelette aux pommes de terre. Elle avait besoin de Bronia, cela dit, car si les auteurs du livre décrivaient l'omelette au beurre, aux cèpes, aux pointes d'asperges, au lard, aux rognons, et même au thon, ils ne disaient pas un mot de celle aux pommes de terre. Les gens achetaient pourtant plus de patates que d'asperges !

Bronia sortit les ingrédients et les ustensiles, et l'appartement rue d'Allemagne se transforma en atelier culinaire. Marie regardait les éléments se mélanger, se dissoudre, se transmuter. Au fond, n'était-ce pas une forme de chimie ? Il fallait les bonnes doses, une température adaptée, un chronomètre, mais les résultats n'en risquaient pas moins de changer à chaque expérience…

Cependant, Marie ne comptait pas prendre en charge toutes les tâches domestiques elle-même, loin de là, et elle avait demandé à une dame d'effectuer quelques heures de ménage dans l'appartement qu'elle et Pierre louaient désormais rue de la Glacière. Pour le moment, le jeune couple ne vivait que du seul salaire de Pierre, et Marie avait décidé de surveiller leurs dépenses. Elle notait tout dans un cahier spécial. Cette nouvelle facette d'elle-même lui plaisait bien.

Pour la décoration de l'appartement, en revanche, le couple ne faisait aucun effort. Tant qu'ils avaient deux chaises, une table et une lampe à pétrole, ils pouvaient travailler l'un en face de l'autre le soir, et ça leur suffisait.

À l'âge de vingt-huit ans, Marie Curie fut reçue au concours qu'elle préparait. Elle n'était pas peu fière de son diplôme : « *Madame Curie, née Sklodowska (Marie, Salomé) le 7 novembre 1867, est nommée agrégée de l'Enseignement secondaire des jeunes filles dans l'ordre des sciences (section Sciences des mathématiques).* »

– Mon Pierre, murmura-t-elle au milieu de l'hiver 1896, il faut que je te dise quelque chose.

« Quel est cet air mystérieux ? se demanda Pierre Curie. Que se passe-t-il donc ? »

– Oui, ma chérie ?

– Je suis enceinte.

Pierre Curie chancela. De cela, il n'avait rien vu venir. Il avait pensé qu'ils vivraient sans fin une existence à deux, ponctuée de travaux scientifiques, de balades en France, de visites à Eugène et à Sophie à Sceaux, où ils se rendaient à vélo. Il n'avait pas songé qu'à force d'aimer sa femme, de se rapprocher d'elle, de la retrouver doucement sous les draps, il finirait par entendre un beau soir sa tendre voix lui annoncer, avec son léger accent polonais, qu'elle attendait son enfant.

– *Kochanie !* s'écria-t-il. Quelle merveille !

Bien sûr, Bronia fut tout de suite informée.

– *Kochanie !* fit-elle à son tour.

Naturellement, elle allait donner mille conseils à Marie que, pour commencer, elle jugeait trop fine pour supporter une grossesse. Il est vrai qu'il arrivait à la jeune femme d'avoir des vertiges, au point de s'asseoir pour reprendre ses esprits. Désormais, elle devait économiser ses forces, ce dont elle n'avait pas l'habitude.

***

Au printemps, Marie partit pour Port-Blanc, une jolie station balnéaire située dans le golfe du Morbihan, en Bretagne. Son père avait fait le voyage de

Varsovie pour veiller sur elle, car Pierre Curie était retenu à Paris. Wladyslaw et Marie logeaient dans un hôtel sans prétention, en haut d'une ruelle qui donnait sur la mer.

Le climat maritime faisait tant de bien à Marie qu'elle décida que, si un jour elle en avait les moyens, elle achèterait une maison dans la région. Elle observait des Bretonnes en coiffe discuter devant l'hôtel lorsque le facteur apporta une lettre :

« *Ma petite fille,* écrivait Pierre tendrement, *si chère, si gentille, que j'aime si fort ! Ici, rien de nouveau si ce n'est que tu me manques : mon âme s'est enfuie avec toi.* » Ce qui bouleversa Marie au-delà de ces mots d'amour, c'est que la lettre était écrite en polonais. Quel effort ! Pour elle, Pierre était vraiment capable de soulever des montagnes.

– Réponds en polonais, lui conseilla son père. Il faut l'encourager, ce brave garçon.

Elle adopta une écriture la plus lisible possible, et des mots simples :

« *Mon cher mari, il fait beau, le soleil brille, il fait chaud. Je suis très triste sans toi, viens vite, je t'attends du matin au soir.* »

Pierre repassa au français pour lui clamer son amour plus spontanément. Comme il était dur d'être ainsi séparés ! Le soir, dans leur appartement vide, il se précipita sur une feuille de papier pour dire à Marie combien il brûlait de la revoir :

« Je pense à ma chérie qui emplit ma vie, et je voudrais avoir des facultés nouvelles. Il me semble qu'en concentrant mon esprit exclusivement sur toi, comme je viens de le faire, je devrais arriver à te voir, à savoir ce que tu fais, et aussi à te faire sentir que je suis tout à toi en ce moment. »

Pierre était, pour une fois, très organisé. Il se rendit utile en achetant des brassières de tricot. Il avait même préparé un berceau, et il avait prévu que le bébé prenne ses bains dans une bassine.

Dès qu'il le put, au mois d'août, il débarqua à Port-Blanc. Qu'elle était belle, sa femme, enceinte de huit mois ! Et téméraire ! Elle voulait même enfourcher un vélo et pédaler jusqu'à Brest. Mieux valait rentrer à Paris à présent. La naissance approchait.

Le 12 septembre 1897 en effet, Marie fut prise de contractions. Comme Bronia était partie en vacances en Pologne, Pierre appela son père, le bon docteur Eugène Curie, qui abandonna ses rosiers sur-le-champ et sortit précipitamment de sa retraite. Transformé en obstétricien, Eugène Curie mit sa petite-fille au monde. N'avait-il pas jadis affirmé que les médecins hommes avaient tout entendu, tout vu et tout fait ?

Marie et Pierre prénommèrent la petite Irène, en français, et Irena en polonais. Lorsque Marie se releva de couches, elle nota dans son précieux carnet les dépenses qu'avait occasionnées cette superbe aventure : soixante et onze francs cinquante pour les frais médicaux et de pharmacie, trois francs pour le champagne, et un franc dix pour les télégrammes annonçant la nouvelle. Comme Marie était très fatiguée, Bronia, à son corps défendant, lui conseilla de ne plus allaiter la petite. Elle lui montra comment utiliser un biberon stérilisé, et lui recommanda une dame qui promènerait Irène au parc Montsouris lorsque Marie irait travailler.

***

Le patron de Pierre avait donné son accord pour que les Curie se partagent le même laboratoire. Marie devait déjà s'occuper du bébé, de la maison, de ses recherches universitaires : autant, avait-il dit, lui offrir les meilleures conditions de travail qui soient.

La jeune femme avait décidé de préparer une thèse, et elle avait choisi son sujet : les rayons d'uranium contenus dans une roche. Ils étaient phosphorescents, c'est-à-dire qu'ils brillaient même dans le noir. Personne n'avait jamais pu expliciter la nature de ce scintillement. Or Marie n'avait jamais oublié ce que lui avait dit un jour son cousin Josef, chimiste à Varsovie : il reste des éléments chimiques à découvrir, la nature n'a pas encore livré tous ses secrets.

Marie pressentait que la roche ne recelait pas que de l'uranium. Elle devait aller au bout de cette quête, afin de mettre au jour l'élément inconnu. Les expériences qui l'attendaient étaient austères, minutieuses et forcément frustrantes. Isoler un élément dont personne ne savait rien, quelle affaire !

Persuadé que sa femme tenait là une piste exceptionnelle, Pierre se proposa de l'aider. Il délaissa ses travaux personnels pour collaborer avec elle. Ensemble, désormais, ils luttaient pour découvrir ce que cachait cette roche.

En juillet 1898, Pierre et Marie Curie purent annoncer leur découverte à la communauté scientifique, très impressionnée. À force d'analyses, ils avaient en effet mis en évidence la présence d'un nouvel élément chimique, auquel fut attribué sa propre case dans le tableau de classification.

– Devine comment je l'ai appelé, demanda Marie à Bronia.

– Aucune idée.

– Polonium. En hommage à nos origines, et pour faire plaisir à notre père.

« Tiens donc ! se réjouit Bronia. Il n'y a pas que moi qui ai envie de revoir la Pologne ! »

Cependant, la découverte du polonium n'expliquait pas entièrement les scintillements persistants de la roche. Marie et Pierre Curie pressentaient que leur travail commun devait se poursuivre, et qu'ils allaient peut-être trouver un autre élément inconnu.

***

Neuf mois après la naissance de sa nièce Irène, Bronia donna la vie à un petit garçon, Georges. Il naquit le 7 juin 1898 dans l'appartement de la rue d'Allemagne, tout comme sa sœur Helena six ans plus tôt. Avec les beaux jours, les familles Curie et Dluski se promenaient le dimanche aux Buttes-Chaumont, à côté de chez Bronia et Casimir. Helena adorait ce parc, avec ses grottes et ses cascades. Surtout, pour rien au monde elle n'aurait manqué le petit théâtre de Guignol. Sous les arbres du parc, au son de l'accordéon qui ponctuait la mise en scène, le public s'extasiait devant les marionnettes colorées et redoublait d'applaudissements lorsque Guignol apparaissait, muni de son bâton, avec son petit chapeau noir et son nœud papillon rouge.

La vie était belle à Paris, cet été-là. Pierre et Marie avaient déménagé dans un petit pavillon, dans le XIVe arrondissement de Paris, et proposé à Eugène Curie, qui avait perdu sa chère Sophie, de vivre avec eux. Comment aurait-il supporté Sceaux sans son épouse bien-aimée, qui avait succombé à une cruelle maladie ? Le vieil homme avait fermé la porte sur le jardin auquel il avait apporté tant de soins pendant toutes ces années et, sans regarder en arrière, il s'était installé chez son fils et sa belle-fille.

« Ils ont tant à faire, se disait-il, je vais me rendre utile. » Eugène sentait que ces deux-là pouvaient aller loin, si on leur en donnait les moyens. Il avait à cœur de les soulager des tâches parentales. La petite Irène occupait une grande partie de son existence : il était fou d'elle, et elle le lui rendait bien, au point que Pierre et Marie se demandaient parfois si elle se souvenait qu'elle avait aussi des parents. Le soir, dans son fauteuil, Eugène Curie lisait les poèmes de Victor Hugo réunis dans *L'Art d'être grand-père*, et éprouvait l'émotion que pouvait faire naître cet art si précieux :

« Elle dort ; ses beaux yeux se rouvriront demain ;
Et mon doigt qu'elle tient dans l'ombre emplit sa main ;
Moi, je lis, ayant soin que rien ne la réveille… »

Il tournait les pages :

« Je veux qu'en te voyant là, ta main dans la mienne,
Le vent change son bruit d'orage en bruit de lyre. »

Dans la droite lignée des hommes Curie et Sklodowski, imprégnés d'égalité, d'éducation des filles et de tendresse, l'ancien médecin veillait sur sa petite Irène. Désormais, c'était auprès de lui que la petite fille allait passer son enfance.

Chapitre 20
Paris, 1898

Un jour d'août 1898, tandis que leurs époux étaient partis au carrousel de chevaux de bois avec Helena, Marie et Bronia bavardaient, assises sur un banc des Buttes-Chaumont avec leurs landaus. Le moment était venu pour Bronia de parler à sa sœur d'un nouveau projet, qui allait changer la vie de toute la famille :

– Casimir et moi allons rentrer vivre en Pologne.

Marie bondit sur le banc comme si elle avait vu un serpent :

– Quoi ? Qu'est-ce que c'est que cette histoire ? Tu ne vas pas me laisser toute seule à Paris...

– Tu as un mari et une fille, dit gentiment Bronia.

– Ce n'est pas pareil.

Marie garda un long silence. Elle avait l'impression qu'on venait de lui apprendre la pire nouvelle du siècle. Ses pensées s'entrechoquaient, et il lui fallut fournir un effort colossal pour les organiser.

– Je croyais que Casimir ne pouvait pas retourner à Varsovie. À cause des Russes qui le recherchent.

– Nous irions du côté de Cracovie, dans les Carpates. Là-bas, il n'y a pas de Russes.

– Mais pourquoi maintenant ? Quelle est l'urgence ?

– Selon Casimir, autant Paris était polonophile lorsque nous sommes arrivés, autant ce n'est plus le cas aujourd'hui. Je suis ici depuis treize ans, tu te rends compte...

– Paris n'aime plus les Polonais ? Je peux t'assurer que je ne me suis rendu compte de rien.

– De nos jours, poursuivit Bronia, la France préfère les Russes. Les Parisiens construisent même un pont qui s'appellera Alexandre-III, comme le tsar.

– Mais cela ne nous touche pas directement ! s'exclama Marie. Vois-tu l'armée russe sous ta fenêtre, rue d'Allemagne ? Bien sûr que non ! Est-ce qu'ils te surveillent quand tu vas à guignol ? Encore moins ! On s'en fiche ! Et des ponts ! Tu ne vas pas quitter Paris à cause du nom d'un pont.

Marie se frottait les mains avec nervosité. Elle était décidée à contrecarrer chacun des arguments de sa sœur. Cependant, la bataille allait se montrer rude :

– Si nous continuons comme ça, reprit Bronia en secouant la tête, nous serons éternellement médecins de quartier. Nous voulons partir avec un vrai projet, essayer autre chose.

– Un projet ?

– Casimir se formera aux techniques de soins en sanatorium. Ensuite, il se rendra dans les Carpates pour y acheter un terrain, et nous construirons un hôpital spécialisé dans le traitement de la tuberculose.

Marie avait toujours su que son beau-frère nourrissait de grandes ambitions. En effet, de son expérience de médecin de quartier, bien qu'elle fût parfois humainement très riche, il lui semblait qu'il avait fait le tour. Depuis près de vingt ans, il rêvait d'exercer la pneumologie en Pologne, Marie ne pouvait pas faire semblant de l'ignorer. Il fallait reconnaître que les magnifiques montagnes des Carpates étaient l'endroit idéal pour soigner les tuberculeux. L'air y était si pur. Que pouvait-elle opposer à ce plan ? Il correspondait en tout point à ce qu'elle connaissait de Casimir, à ce qu'elle aimait et qu'elle respectait chez lui. Cependant, une ombre subsistait. Comment sa sœur allait-elle s'intégrer au majestueux projet professionnel de son époux ?

– Je reste à Paris avec les enfants jusqu'à ce que Casimir ait trouvé le terrain le plus adapté à notre futur hôpital, répondit Bronia lorsqu'elle lui posa la question. Et je m'occupe du déménagement.

– Mais une fois là-bas ? insista Marie. Seras-tu gynécologue ? A-t-on besoin d'une gynécologue à plein temps dans un sanatorium ?

– Non, reconnut Bronia, je ne pense pas… Il n'y aura pas assez de patientes dans un village de montagne.

– Alors ? s'énerva Marie. Vas-tu arrêter de travailler ? Tu as fourni tant d'efforts pour mener tes études à bien, asseoir ta réputation de médecin, gagner ta vie. Et tout ça pour devenir femme au foyer dans les Carpates ?

– Je seconderai Casimir, précisa Bronia.

– Alors là, ça m'étonnerait ! s'exclama Marie.

– Tu collabores bien avec Pierre, se défendit Bronia.

« Comment peut-elle comparer ? se demanda Marie. Pierre, nos échanges continus, comme si nous tricotions ensemble la même pelote de laine... Quel rapport avec Casimir ? Lui si fougueux, si bruyant... »

« Travailler ensemble, pensait-elle, ne s'improvise pas. Il s'agit de respecter la parole de l'autre. De ne pas élever la voix. D'éviter les conflits. Travailler en couple est une œuvre de patience et de diplomatie dans laquelle l'orgueil n'a pas sa place. » Marie adorait son beau-frère, mais elle le connaissait bien, et elle doutait qu'il soit capable de traiter sa sœur en égale. « En résumé, se dit-elle, furieuse, Bronia va déménager à mille deux cents kilomètres de Paris parce que Casimir compte fonder un sanatorium dans lequel personne ne sait ce qu'elle va faire. »

– On s'était dit qu'on rentrerait en Pologne un jour, non ? lui rappela Bronia en se levant pour accueillir Helena qui accourait vers elle, tenant son petit chapeau de paille sur sa tête. Toi, tu es devenue française. Moi, je suis toujours polonaise.

***

Comme prévu, Casimir laissa Bronia seule à Paris avec leurs enfants. Il était parti en Suisse, à Davos, dans un sanatorium des plus modernes. Pendant de longues semaines, il allait suivre l'organisation des journées et observer les soins donnés aux malades, noter tous les détails médicaux susceptibles de l'aider quand il ouvrirait son propre sanatorium, et apprendre des pneumologues suisses et allemands les dernières techniques d'auscultation.

Peu de temps après son départ, Pierre suggéra qu'ils aillent, Marie et lui, rendre visite à Bronia, qui devait se sentir un peu seule. C'était un samedi après-midi. Eugène Curie était sorti se promener avec la petite Irène au parc Montsouris, et Pierre et Marie se disposaient à partir à leur tour.

– Casimir est extrêmement doué dans son domaine, dit Pierre à Marie, en nouant un foulard autour de son cou. Mais il a raison de se perfectionner avant de fonder son propre sanatorium.

– Peux-tu me dire ce que fera ma sœur une fois qu'ils seront dans les Carpates ? demanda Marie sur un ton presque agressif, que Pierre n'avait encore jamais entendu.

– Je la vois bien dans la gestion et l'administration de l'hôpital.

– Elle ne rêve pas de bureaucratie et d'intendance : elle veut soigner les gens. Elle est médecin, ne l'oublie pas.

– Casimir le sait aussi bien que nous, tempéra Pierre. Ne t'inquiète pas. Elle trouvera sa place. Ta sœur n'est pas du genre à rester inactive.

– Elle m'a dit qu'ils allaient travailler ensemble, maugréa Marie. Une idée qui me semble parfaitement stupide.

– Surtout si Casimir courtise les infirmières, remarqua Pierre, laconique.

Ayant enfilé son pardessus, il attrapa un parapluie et les clefs de leur appartement.

– Allez, ma chérie, mets ton manteau.

– Vas-y sans moi.

– Comment ? Ne veux-tu pas aller voir ta sœur ?

Il reposa son parapluie et les clefs, et poussa un grand soupir. Sans dire un mot, il observa son épouse. Elle était visiblement très contrariée.

– Je ne vais pas aller voir Bronia pour la bonne raison que je ne supporte pas ce projet.

– C'est un projet audacieux, admets-le.

– Je n'ai pas envie de devoir me pâmer devant les merveilleuses idées de Casimir, rétorqua Marie avec animosité. Bronia s'illusionne et ça m'exaspère. Ils n'ont qu'à rester ici.

– Tu devrais voir les choses autrement, continua Pierre, qui avait bien compris que les Dluski ne renonceraient pas à leur plan. Le traitement de la tuberculose s'est considérablement amélioré. Pourquoi ne pas offrir ces progrès à la Pologne ? Cela leur correspond bien, à tous les deux. C'est un nouveau départ.

– Et médecin à Paris, ce n'est pas bien ? Pourquoi faut-il que tout change ?

– Allez, viens…

– Non.

– Marie, ma chérie, tenta Pierre avec gentillesse, ce n'est pas ce projet de sanatorium que tu désapprouves, n'est-ce pas ? C'est plutôt que tu ne veux pas la voir partir.

– Oui, murmura Marie avant de fondre en larmes.

De sa poche, Pierre sortit un mouchoir repassé à carreaux blancs et gris. Il le tendit à Marie pour qu'elle se mouche et la tint contre lui en passant doucement sa main dans ses cheveux :

– Ma chérie, dit-il en posant un baiser sur son front, nous ne pourrons pas les empêcher de construire cet hôpital. Nous irons les voir, d'accord, *kochanie* ? J'ai hâte d'aller en Pologne, depuis le temps qu'on m'en parle. Viens, allons les encourager !

***

Pierre et Marie avaient pris place dans le salon de la rue d'Allemagne, autour d'un thé. Bronia s'empressa de leur montrer une carte postale du sanatorium où Casimir avait commencé sa formation. Il s'agissait d'un immense bâtiment de briques sur quatre étages, entouré de neige et de sapins, à mille cinq cents mètres d'altitude. Il était tenu par le docteur Turban, spécialiste mondial de la tuberculose.

– Cela ressemble à un hôtel plutôt qu'à un hôpital, commenta Pierre.

– Exactement. Comme les patients y séjournent durant plusieurs mois, l'endroit se doit d'être le plus agréable possible. Un peu comme s'ils y passaient leurs vacances.

– Bonne idée ! s'enthousiasma Pierre. Tu as vu, Marie ?

Marie jeta un coup d'œil à la carte postale :

– Ah oui, dit-elle froidement.

– Cet établissement est à la pointe de ce qui se fait en pneumologie, continua Bronia. Casimir a intérêt à retenir tout ce qu'il voit. Si nous échouons, ce sera de sa faute.

– Il a l'air de se trouver à la bonne adresse pour apprendre, se réjouit Pierre, tandis que Marie regardait ostensiblement par la fenêtre.

– Écoutez ce qu'il m'a écrit, poursuivit Bronia, enflammée : « *Pour éviter la contagion du personnel et des visiteurs, les draps sont bouillis et passés à l'eau de Javel. Il est interdit de tousser à la figure du voisin ou de cracher par terre. Chaque patient transporte son propre crachoir de poche.* » Voyez-vous le préau sur la gauche ? C'est la *Liegehalle*, traduction : la « halle pour s'allonger ». Les malades passent des heures dans une chaise longue, sous une couverture bien chaude, à remplir leurs poumons du bon air montagnard.

– Tu as vu, Marie ? renchérit Pierre, la *Liegehalle !*

– Ah oui.

Bronia considéra Pierre d'un air de dire : « Que lui arrive-t-il ? » Il haussa les épaules. Marie faisait la tête, et ils étaient bien embêtés.

– Comment se déroule une journée type ? demanda-t-il.

– Une alternance de rendez-vous, de repos et de marche à pied, répondit Bronia, qui aurait pu évoquer le sujet pendant des heures.

– Sieste et promenade, reprit Pierre, quel bon mélange ! N'est-ce pas, Marie ?

Peu à peu, Marie fut bien obligée d'admettre que sa sœur était littéralement emballée par l'idée de Casimir. Pierre avait raison : il était trop tard pour reculer. Supplier Bronia de rester à Paris aurait été terriblement égoïste.

Marquer leur époque, contribuer à la modernité, améliorer le sort commun : n'était-ce point ce à quoi leur père les avait toujours encouragées ? Ce retour en Pologne s'inscrivait on ne peut mieux dans cette philosophie. Marie commença à se radoucir. Cependant, elle ne saisissait toujours pas quelle serait la place de sa sœur :

– Ce projet va vous coûter une fortune, non ? Comment allez-vous faire ?

– Au début, expliqua Bronia, nous emprunterons de l'argent. Casimir pense que je serai utile pour les questions financières parce que je sais tenir un budget.

– Il a raison, dit Marie. Il faut absolument que tu gères les comptes de ce sanatorium. En fait, c'est ta nouvelle ambition.

– Oui, renchérit Bronia, on a bien le droit d'être ambitieuse plusieurs fois dans sa vie, non ? Et au fond, qui de nous caresse le projet le plus fou : Casimir et moi, avec notre sanatorium, ou vous deux à vouloir absolument comprendre pourquoi votre fameuse roche brille dans le noir ?

– Toute notre vie, sourit Pierre, toute notre vie est devant nous.

– Vous viendrez nous voir, proposa Bronia.

– C'est exactement ce que nous nous sommes promis en prenant l'omnibus. Comment dis-tu « sanatorium » en polonais ?

– *Sanatorium,* répondit Marie. C'est du latin.

Pierre Curie regarda les deux sœurs, empli d'admiration. Quelle obstination ! Quelles belles obsessions ! Elles avaient été élevées dans l'amour de la science et on avait l'impression que rien ne pourrait les arrêter. Cependant, Marie devrait s'habituer à l'idée que, bientôt, sa sœur ne serait plus auprès d'elle.

Chapitre 21
Zakopane, 1899

Le jour tant redouté était arrivé : Marie devait laisser partir Bronia pour de nouvelles aventures. Loin d'elle.

Elle se rappelait ses premiers pas à Paris, où tout lui semblait si mystérieux. Elle revoyait Casimir sur le quai de la gare de l'Est, qui était venu la conduire chez eux, rue d'Allemagne. Les dîners chez les Dluski, où les camarades polonais chantaient si fort qu'elle n'arrivait pas à apprendre ses cours de première année. Son installation parmi les Français, et Pierre, pour qui elle était restée. Pour qui, jamais plus, elle ne vivrait en Pologne.

Bronia ferma son cabinet médical, donna à Marie et à Pierre tout ce qu'elle ne pouvait emporter, et quitta Paris avec ses malles et ses deux bambins.

Marie souffrait terriblement de la séparation. Comme si elle était redevenue la petite fille qu'elle avait été autrefois, qui ne connaissait pas l'alphabet et ne savait pas lacer ses souliers. Sans sa sœur dans les parages, elle se sentait désemparée, perdue.

« *Irène devient une grande gamine*, racontait-elle dans une lettre à Bronia. *Elle est très difficile à nourrir et, à part le tapioca au lait, elle ne veut presque rien manger régulièrement, même pas les œufs. Écris-moi ce qui convient comme menus aux personnes de cet âge...* » Pauvre petite Irène qui grandirait toute seule, maintenant que ses cousins Helena et Georges étaient partis...

Aucun courrier ne comblait l'absence. Rien ne remplaçait la voix, le sourire. Marie s'était souvent moquée de Bronia, qui mettait les petits plats dans les grands lorsqu'elle avait des invités. Elle avait jugé avec dédain le goût de Bronia pour les affaires domestiques, la cuisine en particulier. Aujourd'hui, elle aurait donné n'importe quoi pour sauter dans l'omnibus en direction de la porte de la Villette. Elle aurait traversé tout Paris en courant pour profiter, une fois encore, de la chaleur familiale de la rue d'Allemagne, des plaisanteries douteuses de Casimir en polonais, du thé fumant dans le samovar, du gâteau au fromage blanc fait maison, qui portait la saveur de leur enfance à Varsovie.

– Mon Pierre, proposa-t-elle un jour, si nous rendions visite à ma sœur et à Casimir, cet été ?

– J'allais le dire.

***

En août 1899, la famille fut réunie en Pologne. Pierre, Marie et leur fille Irène ; Casimir, Bronia,

Helena et le bébé Georges. Wladyslaw, lui, partit de Varsovie – prendre le train pour Cracovie puis une carriole pour rejoindre les siens ne lui faisait pas peur, malgré son âge. Il avait hâte, comme les Curie, de découvrir le grand terrain acquis par sa fille aînée et son gendre. Pour le moment, c'était encore une forêt de conifères. Elle devrait être en partie abattue pour laisser place au futur bâtiment. De Zakopane, la bourgade locale, l'on y arrivait par un sentier de terre. Par mauvais temps, ce chemin n'était guère praticable, mais Bronia et Casimir avaient l'intention de faire construire une route.

Cet été-là, ils furent tous logés dans une charmante pension en bois, au centre de Zakopane, qui accueillait surtout des touristes venus de Varsovie pour effectuer des randonnées dans la montagne. Sur les lits, les couvertures en laine rêche sentaient toujours le mouton. Les murs étaient recouverts de lambris de pin. Tout était en pin d'ailleurs : les tables, les chaises, les escaliers. Au petit déjeuner, l'hôtelière servait du saucisson, du pâté, des œufs durs, des rondelles de tomate, du fromage, du miel et toutes sortes de confitures.

– *Chleb !* disait fièrement Pierre Curie en désignant le pain.

Ensuite, chaussures de marche, bâton à la main et sacs à dos remplis de fruits et de saucisses sèches, les Curie et les Dluski laissaient les petits, Georges et Irène, avec Wladyslaw, et partaient pour une longue promenade. Au bout de la rue principale de Zakopane, les constructions se raréfiaient. Bronia achetait à une paysanne un gros fromage de brebis.

– Ce pays est tellement beau ! s'extasia Pierre en contemplant les montagnes verdoyantes, le ciel bleu et les troupeaux de moutons. Je comprends, maintenant, qu'on puisse tant l'aimer. Quel paysage extraordinaire ! Bronia, vois-tu ce que je vois, là-bas sur la droite ? Un lac ! Ne vas-tu pas te baigner ?

C'était devenu une plaisanterie entre eux depuis qu'ils avaient découvert Bronia sortant de l'étang de Chantilly, ses sous-vêtements dégoulinant, le jour où elle s'était énervée contre Marie qui rechignait à éplucher des carottes.

– Je te rappelle que c'est grâce à cette baignade que ta chère épouse a compris qu'il fallait s'intéresser à ce qui se passait dans une cuisine, rétorqua Bronia. Tu peux me remercier.

– C'est vrai que, sur ce point, je suis mieux tombé que toi, mon pauvre Pierre, rigola Casimir.

– Pas du tout, se défendit Marie, je sais même faire des confitures.

– Regardez, la chèvre ! cria Helena. Elle mange des myrtilles !

À la montagne, Helena s'épanouissait. Des kilomètres de sentiers et de prairies étaient là rien que pour elle. Il y avait des collines, des descentes, des montées, des ravins, des clairières. C'était la liberté.

Aux Buttes-Chaumont, elle n'avait même pas le droit de grimper aux arbres – ce qu'elle trouvait vraiment injuste.

– Croyez-vous qu'Helena étudiera les sciences, un jour ? demanda Pierre.

– Nous le saurions déjà, répondit Bronia. Elle a quand même sept ans.

– Depuis que nous avons quitté Paris, précisa Casimir, elle passe son temps dehors. Elle veut toujours tester des chemins que nous ne connaissons pas encore.

– Sera-t-elle fermière ? hasarda Pierre. Exploratrice ? Guide de montagne ? Alpiniste ? Ce serait drôle.

– Je ne sais pas s'il y a des femmes alpinistes, lâcha Casimir. C'est un sport exigeant, tout de même. Il faut s'accrocher aux parois des rochers, se soulever, planter son piolet... C'est très physique, vous savez.

– Et alors ? dirent Marie et Bronia d'une seule voix.

– Ce n'est pas féminin, insista Casimir.

– Et alors ? répétèrent Marie et Bronia.

Casimir s'était mis dans un beau pétrin. Pierre pouffa de rire. Dans cette famille, les filles traversaient l'Europe toutes seules pour s'inscrire à la Sorbonne. Si Casimir croyait qu'elles n'allaient pas hisser Helena au sommet d'une montagne le moment venu, il se trompait.

– Certaines boutiques vendent des tenues adaptées pour les femmes, déclara Pierre dans un souci d'apaisement. Helena ne grimpera pas en robe longue.

– Ma fille sera la première là-haut ! annonça Bronia en pointant son index vers un pic très élevé. Tu m'entends, Casimir ? Et gare à toi si tu essaies de l'en empêcher !

– Je préférerais la voir sur terre plutôt qu'en haut d'une falaise, mais si vous insistez...

– L'alpinisme, c'est exactement comme la science, observa Marie. Il reste des voies que personne n'a jamais explorées.

Un soir, dans le salon de la pension de Zakopane, Casimir et Bronia sortirent les plans du sanatorium, dessinés par un architecte renommé. Pierre et Marie étaient impressionnés par l'ampleur du projet. Le bâtiment, du dernier luxe, contiendrait plus de soixante-dix chambres. Il y aurait des ascenseurs, un téléphone et un chauffage central diffusant de la chaleur grâce à une grande cheminée. Enfin, pour que les patients se sentent davantage en villégiature qu'en cure de santé, Casimir et Bronia avaient prévu une bibliothèque, un piano à queue et une salle de théâtre. Bien évidemment, un séjour ici coûterait fort cher.

– C'est drôle, dit Marie lorsqu'elle se retrouva seule avec Pierre dans leur chambre, veillant Irène endormie dans son petit lit de bois.

– Quoi donc ?

– Je ne crois pas que Bronia et Casimir vont continuer à soigner les pauvres, comme ils le faisaient à Paris. Le sanatorium qu'ils décrivent ne m'a pas l'air adapté à de la médecine sociale. Seuls les gens riches pourront se payer une cure.

– C'est vrai, acquiesça Pierre, mais n'oublie pas que Casimir publiera des articles sur son travail. Ils seront utiles à tous les médecins qui soignent les tuberculeux.

– Et ma sœur ?

– Elle s'apprête à gérer un sanatorium dernier cri, qui ouvrira au moment où débutera le XXe siècle. Que veux-tu de plus ?

– Tu as raison, mon Pierre. Comme d'habitude.

***

Le retour à Paris fut fort difficile pour Marie. Bronia lui manquait plus encore qu'avant la visite en Pologne. Elle n'avait même pas le goût de faire de la gelée de mûres.

« *Tu ne peux pas imaginer le vide que tu as laissé,* écrivait-elle à Bronia. *Avec vous deux, j'ai perdu tout ce à quoi je tenais à Paris, à part mon mari et mon enfant. Il me semble maintenant que Paris n'existe plus.* »

Elle n'avait plus personne avec qui converser dans sa langue maternelle. De plus, la plupart des Polonais repartaient peu à peu en Pologne. Stanislas, par exemple, le premier ami de Bronia à Paris, était devenu photographe à Varsovie.

En outre, les Curie ne goûtaient guère les mondanités parisiennes. Le soir venu, ils étaient trop fatigués pour sortir au théâtre ou au restaurant. Ils berçaient Irène, dînaient avec Eugène, et étaient bien contents quand ils pouvaient se coucher tôt.

Pour travailler, ils avaient changé d'endroit : ils occupaient désormais un hangar au fond d'une cour, non loin du Panthéon. Ils y entreposaient des tonnes de roche. Elle leur arrivait effritée – de la terre mêlée à des brindilles et à des pommes de pin.

« Nous devons soumettre d'énormes quantités de terre à un traitement chimique, et il a fallu trouver un local plus grand, expliquait Marie à Bronia. *Un collègue nous a dit que notre nouveau laboratoire ressemblait à une étable. »*

Pierre et Marie ne se plaignaient pas souvent. Pourtant, ils étaient mal payés et le hangar qu'on leur prêtait était effectivement en piteux état. Le toit étant troué, il pleuvait à l'intérieur. Les courants d'air traversaient les murs.

Si Marie n'avait pas froid, c'est parce qu'elle passait des heures devant un énorme chaudron dans lequel fondaient des kilos de poussière de roche. Debout devant le monstre, elle remuait la matière en ébullition à l'aide d'une longue tige de fer aussi grande qu'elle. Au bout du compte, elle en aurait trié huit tonnes.

Enfin, le couple put annoncer ses conclusions : *« La nouvelle substance radioactive renferme un élément nouveau auquel nous proposons de donner le nom de "radium"*, écrivirent-ils fin 1898. *La radioactivité du radium doit être énorme.* »

– Vous avez besoin de vacances, constata le père de Pierre. Je resterai à la maison avec Irène. Ne vous inquiétez pas, nous serons très bien tous les deux.

L'été 1900, Pierre et Marie partirent en amoureux pour l'île de Noirmoutier, à l'ouest de la France. Chaque jour, ils exploraient les environs à bicyclette. L'île était relativement plate, ce qui permettait de longues promenades le long de la côte. Les maisons étaient rares ; très vite, ils se retrouvaient au beau milieu des chênes verts et des champs de pommes de terre. Parfait pour se ressourcer !

Malgré l'absence de Bronia, Marie se sentait de nouveau très heureuse. Quand elle songeait à son Pierre, elle peinait à croire à sa chance. Il avait refusé un poste de professeur à l'université de Genève afin de poursuivre leur travail commun. Seules comptaient pour lui sa famille et la femme de sa vie. Et la science, bien sûr. En cela, ils étaient semblables. Deux moitiés d'un même atome.

« J'ai le meilleur mari qu'on puisse rêver, confiait-elle dans un courrier à Bronia. *Je ne pouvais même pas imaginer que j'en trouverais un pareil. C'est un véritable don du ciel et plus nous vivons ensemble, plus nous nous aimons.* »

Chapitre 22
Varsovie, 1902, Paris, 1903

« *Si l'on considère la somme de travail qui a été dépensée pour obtenir le radium,* écrivait Wladyslaw à Marie, *c'est certainement le plus coûteux des éléments chimiques. Ici, rien de neuf. Le temps est moyen, encore assez frais. Il faut que je retourne dans mon lit, je termine donc en t'embrassant tendrement...* »

Ce serait sa dernière lettre. Bronia avait prévenu Marie que le vieil homme n'allait pas bien. Marie sauta dans un train. Malheureusement, après un périple de trois jours, elle arriva trop tard. Son père était mort. Bronia, Hela et Josef portaient déjà le noir du deuil.

– Où est-il ?

Bronia l'accompagna dans le salon où les employés des pompes funèbres avaient placé le cercueil.

– Ouvrez-le, je vous prie, demanda la jeune femme.

– Marie...

– Ouvrez le cercueil. Je veux voir mon père.

– Messieurs, dit Bronia, s'il vous plaît, faites ce que ma sœur vous demande.

Les hommes s'exécutèrent, dévissèrent et soulevèrent le couvercle de bois clair. Là reposait Wladyslaw, vêtu de son élégant costume, les yeux fermés, les mains croisées sur le cœur. Le visage inondé de larmes, Marie Curie se pencha et déposa un baiser sur son front.

– Pardon, papa.

Cette femme si brillante, à l'origine de découvertes scientifiques inestimables, se sentait aujourd'hui coupable. Personne ne l'avait jamais su, mais Marie s'en était voulu de choisir la France tandis que son père vieillissait à Varsovie. Plus jeune, elle avait pensé un temps consacrer le reste de sa vie à s'occuper de lui. Elle ne l'avait pas fait. À présent, à trente-quatre ans, elle avait honte de ne pas avoir été là. Au moins à la fin.

Car c'était bien ce sage physicien qui les avait faites comme elles étaient, ces deux sœurs téméraires, déterminées à ne jamais se laisser marcher dessus, à braver les interdits, à gagner leur liberté. C'était bien lui qui les avait accompagnées à la gare centrale de Varsovie, l'une puis l'autre, les lâchant à travers l'Europe, et rentrant pour attendre le facteur. Lui qui leur avait expliqué que rien ne serait impossible si elles restaient fidèles à leurs ambitions.

Exactement un quart de siècle après la disparition de leur mère, Josef, Bronia, Hela et Marie accompagnaient leur père au caveau familial. Les quatre enfants devenus adultes se serraient les uns contre les autres devant la tombe de leurs parents. Ils sortirent du cimetière à petits pas, muets, alourdis par la tristesse. Ils dînèrent chez Josef, dont l'épouse avait préparé une table chaleureuse, et allèrent se coucher tôt parce que c'est bien la seule chose à faire dans ces cas-là.

Le lendemain, Marie et Bronia allèrent prendre l'air le long de la Vistule.

– Comment va le sanatorium ? demanda Marie.

– Nous touchons au but. Nous avons bien cru que nous n'y arriverions jamais. Ça me plaît beaucoup, tu sais, de concevoir l'hôpital, la disposition des salles, les équipements médicaux... J'en suis à recruter le personnel.

– Tu veux dire, les infirmières ?

– S'il n'y avait que ça ! Il faut aussi des blanchisseuses, des cuisiniers, des femmes de ménage, des plombiers... Qu'est-ce que j'oublie ? Ah oui ! Des cochers, des jardiniers...

– Vous allez procurer des emplois à toute la région ! Que vas-tu y faire, finalement, une fois que ce sera ouvert ?

– Je serai la sous-directrice, puisque Casimir sera le directeur. J'aurai aussi mes consultations médicales, le mardi, le jeudi et le samedi.

– Tu vas continuer à pratiquer la médecine alors ? Ah ! C'est bien !

– Et vous, demanda Bronia, comment vont les choses, à Paris ?

– Irène est en pleine forme. Elle adore courir derrière le chat en poussant des cris de guerre. Elle monte sur les tables comme une vraie sauvage. Heureusement qu'Eugène est là pour s'occuper d'elle. Il est son seul grand-père, maintenant que papa est mort.

– Ça me rappelle Helena au même âge, reprit Bronia en chassant ses larmes, comme elle l'avait toujours fait. Pourquoi nos filles veulent-elles escalader les meubles ? Nous ne faisions pas ça, nous.

L'espace d'un instant, elles revirent le décor de leur enfance, les gens qu'elles aimaient et qui vivaient encore alors, Zosia, leur mère, les pensionnaires qui s'entassaient...

Et leur père.

– Nous, sourit Marie, nous devions finir nos devoirs.

***

Marie rentra à Paris, bien décidée à honorer la mémoire de son père : elle irait jusqu'au bout, travaillant nuit et jour s'il le fallait. Elle savait que le radium existait, mais elle ne l'avait pas encore réellement isolé. Deux mois plus tard, dans le hangar, elle y parvint : avec Pierre, à force de patience et de raisonnements, elle obtint enfin un décigramme de radium pur. Il rejoignit les autres éléments sur le tableau de classification. Les autres savants n'y croyaient pas.

Mais Marie avait perdu sept kilos à force de sauter les repas. Pierre et elle étaient exténués. Qui plus est, leurs petits salaires d'enseignants ne les faisaient pas vivre dans le confort. Pierre tenta bien d'obtenir un meilleur poste à la faculté, en vain. Lorsqu'un ami bien placé proposa à Pierre Curie la Légion d'honneur, il refusa : « *Veuillez, je vous prie, remercier monsieur le ministre et l'informer que je n'éprouve pas du tout le besoin d'être décoré mais que j'ai le plus grand besoin d'avoir un laboratoire.* »

Comme Bronia en médecine, Marie avait choisi pour sa thèse un sujet important, que la communauté scientifique connaissait encore fort mal. Sa thèse était intitulée *Recherches sur les substances radioactives* ; elle la soutint le 25 juin 1903. Marie avait trente-cinq ans. Son cher professeur Lippmann, qui la suivait depuis le début et avait repéré en elle un futur immense talent, était président du jury. Bronia, bien sûr, avait pris le train depuis la Pologne. Pour rien au monde elle n'aurait raté un moment si important.

– Comment t'habilles-tu ? demanda-t-elle à sa petite sœur dès son arrivée.

– Comme d'habitude.

– Tu comptes mettre ta vieille robe pour défendre ton travail devant tes confrères et tes étudiantes ?

Marie, tu ne vas pas chez la crémière acheter une motte de beurre. Cette thèse représente le couronnement d'efforts considérables. Il faut arriver correctement vêtue pour montrer que tu respectes ton propre parcours, et les membres du jury qui vont te juger.

– Ma vieille robe, comme tu l'appelles, est très confortable.

– L'argument du confort n'est admis que pour les chaussures, rétorqua Bronia, étant donné qu'il est impossible de s'adresser au public sereinement si l'on a mal aux pieds, si nos souliers sont trop petits ou s'ils frottent à l'arrière du talon. Je suis donc d'accord pour que tu mettes tes chaussures plates. En revanche, nous allons t'acheter une robe.

– Sombre.

– Oui, je sais : pour que tu puisses la remettre au laboratoire...

L'affaire était dans le sac, et pas seulement parce que Marie se sentait bien dans la nouvelle robe de laine et de soie noire que Bronia lui avait dénichée. Les savants furent convaincus par la démonstration de Marie. Le président du jury prononça des mots qui firent battre d'un même rythme le cœur de Bronia, de Pierre et d'Eugène Curie :

– Madame, l'université de Paris vous accorde le titre de docteur ès sciences physiques, avec la mention « très honorable ».

Marie était la cinquième femme docteure ès sciences de la Sorbonne. Son père aurait été si fier.

– Savez-vous que nous pourrions gagner une fortune avec le radium ? déclara Pierre en servant du thé, le soir, dans leur pavillon. Je reçois même des demandes des États-Unis. Ils ont tous besoin de radium ! Depuis qu'on sait qu'il a des vertus médicinales, la Terre entière veut en acheter.

– Comment ça, des vertus médicinales ? demanda Bronia.

– J'ai effectué des tests à l'hôpital, expliqua Pierre. Avec le radium, on pourra soigner le cancer. Si nous déposions la marque Radium, pour établir que le radium nous appartient, nous pourrions recevoir des droits d'auteur. Chaque fois que l'industrie pharmaceutique ou médicale voudrait se servir du radium, ils nous verseraient de l'argent. À nous les millions !

– Quelle idée ! protesta Eugène. Vous n'allez quand même pas monnayer votre découverte ?

– Bien sûr que non, sourit Pierre, c'est contre nos principes. La science est gratuite, le progrès aussi. Sinon, vous vous rendez compte...

– Le radium ne doit enrichir personne, renchérit Marie. C'est un élément de la nature. Il appartient à tout le monde.

– J'aime mieux ça, sourit le docteur Curie.

Les yeux fixés sur le tapis, Bronia trempa ses lèvres dans son thé. Elle réfléchissait.

– Si le radium peut être utilisé en médecine, j'en parlerai à Casimir dès mon retour en Pologne. Nous pourrions travailler ensemble.

– Oui, dit Marie, c'est ce que nous t'expliquons depuis une heure ! Et lui, se plaît-il à Zakopane ?

– Il est ravi. Les patients l'adorent. Vous savez comment il est. Il plaisante avec eux et, le soir, il se met au piano. Surtout, il possède un don particulier : il a l'ouïe si fine qu'il peut déceler le foyer de tuberculose dans les poumons d'un patient simplement en collant son oreille contre son torse. « Respirez, inspirez, expirez », et hop ! il sait pile où est logée l'infection.

– Alors, ce sanatorium marche bien ? demanda Pierre.

– Nous affichons complet, répondit fièrement Bronia.

– Quelle famille ! lança Eugène. C'est la réussite sur tous les fronts.

***

Du côté de Pierre et Marie Curie, la gloire ne s'arrêta pas là. Ils avaient fait progresser les connaissances à un tel point que la communauté scientifique internationale pensait à eux pour le prix Nobel de sciences physiques.

L'Académie des sciences de Paris, qui devait proposer des candidats français, n'avança cependant que des noms d'hommes : Pierre Curie et un autre savant, Henri Becquerel qui, le premier, avait remarqué les rayonnements de l'uranium sans toutefois parvenir à les expliquer. L'Académie n'était pas mixte, et ses membres n'avaient aucune envie de nommer Marie Curie avec les deux autres. Une femme ! Le fait qu'elle soit d'origine étrangère n'arrangeait rien. Ce qui changeait tout, en revanche, c'est que le prix Nobel était une récompense suédoise, créée par Alfred Nobel, un chimiste de Stockholm. Inventeur de la dynamite, l'homme était devenu riche parce qu'en Amérique les chercheurs d'or utilisaient la dynamite pour creuser des mines. Alfred Nobel avait légué toute sa fortune à la création d'un prix à son nom.

Le jury était établi en Suède, pays assez avancé en matière d'égalité entre les femmes et les hommes. Lisant le dossier français, un académicien suédois n'en crut pas ses yeux : le nom de Marie Curie n'y figurait pas. Il relut, pensant avoir sauté une ligne. Mais non, elle n'était pas nommée. Le savant fut horriblement choqué : comme tout le monde, il savait que Marie Curie était impliquée dans la découverte du radium depuis le premier jour. Il prévint immédiatement Pierre : *« Votre épouse a été oubliée ! »*

L'intéressé, reconnaissant d'avoir été informé de cette injustice, répondit avec diplomatie :

« Dans le cas où il serait vrai que l'on songe sérieusement à moi, je désirerais beaucoup que l'on me consi-

dère comme solidaire avec madame Curie dans mes recherches. Sa part est très grande dans notre découverte (elle a aussi déterminé le poids atomique du radium). Je crois que si nous étions disjoints en cette circonstance, cela étonnerait beaucoup de gens. Puis ne trouvez-vous pas que ce serait plus joli au point de vue artistique de nous laisser ainsi associés ? »

Marie Curie devint ainsi la première femme lauréate du prix Nobel. Elle partagea ce prix avec Henri Becquerel et Pierre, son époux et partenaire.

***

Pierre et Marie Curie devinrent alors des vedettes. Les journalistes du monde entier faisaient la queue pour les interviewer. Les photographes voulaient leur portrait. Des courriers arrivaient de partout. Le couple était assailli de demandes, toutes plus loufoques les unes que les autres : « *Hier,* racontait Marie dans une lettre à Bronia, *un Américain m'a écrit pour que je lui permette de baptiser de mon nom un cheval de course.* »

Le radium lui-même devint célèbre. Il suscitait chez les gens les fantasmes et les idées les plus improbables. La danseuse Loïe Fuller, qui aimait utiliser sur scène des jeux de lumières, désirait une tenue à base de radium ; un autre entendait créer une crème de beauté radioactive. Tout cela n'était que pure folie, tant la radioactivité pouvait se montrer horriblement dangereuse.

Pierre et Marie étaient fatigués. Ils avaient toujours préféré travailler dans leur laboratoire, juste tous les deux. Être connus leur déplaisait. Comme ils avaient été tranquilles, jadis !

– On voudrait pouvoir se cacher sous terre pour avoir la paix, tu n'es pas d'accord, mon Pierre ? disait parfois Marie. Comment dissuader ces curieux ? N'ont-ils rien d'autre à faire que de nous voler notre temps ? Un scientifique doit se consacrer à la science, pas à la presse.

Épuisés, ils remirent à plus tard leur voyage en Suède, où ils étaient censés recevoir, très officiellement, leur prix Nobel. Marie, en particulier, devait faire très attention, et pour cause : de nouveau, elle était enceinte. Bientôt, Irène aurait un petit frère ou une petite sœur.

« *Bronia,* écrivait-elle, *peux-tu venir me secourir ? Je ne tiens pas debout.* » Bien entendu, sa grande sœur quitta le sanatorium sur-le-champ pour la rejoindre.

– Essaie de te reposer. Je m'occupe des courses et de la cuisine.

Le 6 décembre 1904, Marie donna naissance à une fille, une petite Ève. Six mois plus tard, elle arrivait à Stockholm avec Pierre, et ils recevaient enfin leur prix Nobel de sciences physiques.

– Mon Pierre, dit Marie sur le chemin du retour, Bronia et Casimir doivent agrandir leur sanatorium.

Il leur faut plus de chambres. Si nous leur donnions une partie de l'argent du prix Nobel pour qu'ils fassent des travaux ?

– Bien sûr, répondit Pierre, je suis entièrement d'accord avec toi. (Il la regarda avec tendresse.) La Pologne te sera reconnaissante que tu ne l'aies jamais oubliée, tu sais.

– C'est mon pays, et ça le restera toujours. J'appartiens à la Pologne et à la France. Les deux peuvent compter sur moi.

– Et toi, *kochanie,* tu peux compter sur moi.

Chapitre 23 – Épilogue
Bretagne, juillet 1905

L'été arrivait enfin. Direction la Bretagne pour la famille Curie. Quand elle était enceinte d'Irène, huit ans plus tôt, Marie s'était promis d'y retourner un jour. Se promener sur les sentiers côtiers en respirant l'air iodé qui monte de la mer... Rien ne la rendait plus sereine. Pierre et elle avaient loué une belle maison de pêcheur entourée d'un jardin. Ils avaient convaincu Bronia et Casimir de confier leur sanatorium de Zakopane à un confrère de confiance et de les rejoindre pour des vacances en famille. Bien évidemment, Eugène Curie était lui aussi du voyage.

Finis les emplois du temps surchargés et les responsabilités arides, les imprévus rallongeant des journées déjà bien remplies. Marie et Bronia avaient décidé de prendre de vrais congés, de profiter de leurs retrouvailles et de se reposer.

Dans le jardin breton fleurissaient des hortensias roses et bleus ; Eugène avait cultivé les mêmes à Sceaux, autrefois. Aussitôt arrivé, reprenant ses vieilles habitudes, il se mit à désherber, tailler, arroser, et composa un bouquet de fleurs pour Irène, et un autre pour Helena. Devant l'indignation d'Irène, qui estimait que sa petite sœur *aussi* devait recevoir des fleurs, même si elle était encore un bébé, il s'exécuta et posa le bouquet dans un vase tout près du berceau.

La famille descendit sur la plage dès le premier matin. On étendit les serviettes, on ouvrit le parasol. Ici et là, le sable était jonché de petits tas d'algues brunes. La température de l'eau n'était pas du goût de tous ; seule Bronia se risqua à y entrer jusqu'à la taille, pas à pas, en faisant de petits bonds à chaque vague. Avec le sable humide, les fillettes entreprirent d'édifier un château. Casimir Dluski, qui avait supervisé les plans de son sanatorium, leur prodiguait d'éminents conseils architecturaux, dont elles se fichaient éperdument.

Il faisait bon. Pierre et Marie marchèrent jusqu'au bout de la plage, grimpant sur les rochers pour atteindre une crique. Marie souleva sa robe longue d'une main, tandis que Pierre, galamment, lui prenait l'autre pour l'aider à escalader. Parvenus de l'autre côté, ils aperçurent le pêcheur qui leur louait la maison. Assis, occupé à réparer son filet, il leur adressa un signe amical. Pierre et Marie s'approchèrent pour le saluer.

– Qu'attrapez-vous en ce moment ? demanda Pierre.

– De la sole, surtout. On prend aussi des langoustines mais personne ne mange de ça, par ici. Impossible de les vendre au marché.

– Pourtant, dit Marie, elles ressemblent à des petits homards.

– Moi, j'apprécie, approuva le pêcheur, sauf que les décortiquer demande des efforts. Les gens préfèrent une bonne sole.

– Vous faites un bien beau métier, constata Pierre, et dans une région magnifique, en plus. Vous êtes libre, vous êtes tranquille sur votre bateau.

– Tranquille, faut pas croire. C'est pas du repos quand il fait gros temps. Mais je ne m'en lasserai jamais, de naviguer. En mer, personne ne vient vous enquiquiner. Et vous, professeur, ça vous convient de quitter un peu la capitale ? Loin de tous ces gens qui parlent de votre gloire, avec madame ?

– Ah oui ! Ça nous fait grand bien ! répondit Marie, un peu vexée que le pêcheur ne s'adresse qu'à son époux. Dites, vous nous en garderiez, des langoustines ?

– Et comment ! se réjouit le pêcheur.

– Hein, mon Pierre, je pourrais en cuisiner avec Bronia demain soir ?

– Dans les Carpates, prévint Pierre, ils ne doivent pas souvent voir de crustacés.

– Tu te trompes, mon Pierre, on trouve des écrevisses dans toutes les rivières polonaises.

– Faut pas discuter avec les femmes, professeur, conseilla le pêcheur en hochant la tête.

– Alors, c'est d'accord ? demanda Marie. Je vous achète des langoustines demain matin ?

– Sans faute. Je ne sais pas comment vous la cuisinez, l'écrevisse de chez vous mais, pour la langoustine bretonne, il faut faire un court-bouillon à l'eau de mer. Quand ça bout, vous la plongez dedans.

– Merci pour vos conseils, dit Marie en souriant. Tu viens, mon Pierre ? Laissons le monsieur recoudre son filet.

Le lendemain, Pierre, Casimir et Eugène Curie bavardaient dans le salon, tandis que Marie et Bronia s'affairaient en cuisine. Bronia sourit en voyant Marie peler un oignon puis ciseler du persil. Il lui avait fallu faire preuve de beaucoup de patience, et déployer des trésors de persuasion pour que sa petite sœur daigne enfin se préoccuper de tâches domestiques. Désormais, c'était une passion de plus qu'elles avaient en commun. Elles parlaient de recettes de confitures et de gâteaux aux mûres comme s'il s'agissait d'une formule scientifique de la plus haute importance.

– Tu t'imagines, rêvassait Bronia, je pensais à ça tout à l'heure... Nous sommes venues à Paris faire nos études, nous avons toutes les deux épousé des garçons rencontrés à l'université, et maintenant, nous travaillons avec eux. Toi avec Pierre, moi avec

Casimir… C'est incroyable comme tout tombe juste, parfois.

– Oui, approuva Marie en versant de l'eau dans la marmite, on peut lire le récit de vos avancées contre la tuberculose dans toutes les revues médicales.

– Et vous, avec votre polonium et votre radium ! Quelle histoire, rien que pour te convaincre de me rejoindre à Paris… Te souviens-tu comme tu étais triste à cause de ce garçon et de ses fichus parents qui refusaient de le laisser t'épouser ?

– C'est vrai.

– Comment s'appelait-il déjà ?

– Casimir Zorawski, fit Marie à voix basse.

– Sais-tu ce qu'il est devenu ?

– Mathématicien. J'ai lu un article de lui, l'autre jour. Finalement, contrairement à ce qui était prévu, il n'a jamais repris la ferme de betteraves de Szczuki.

– La tête qu'ont dû faire monsieur et madame Zorawski en apprenant que tu avais eu le prix Nobel ! La petite gouvernante, célèbre dans le monde entier. Bien fait pour eux.

– Tout cela me paraît si lointain ! soupira Marie.

Par la fenêtre ouverte, elles entendaient Irène et Helena rire aux éclats et se courir après dans le jardin. Bronia posa le couvercle sur la marmite :

– Souvent, je pense à notre père. Il voulait que l'on devienne quelqu'un, tu te souviens ? Je suis sûre qu'il serait très fier de toi.

– De ce que tu fais toi aussi, dit Marie, il serait très heureux.

– Au fond, reprit Bronia, ce ne serait pas à lui d'être fier de nous, mais l'inverse. Tout ce que nous avons construit, c'est grâce à lui.

– Oui, il nous a encouragées à braver ceux qui voulaient garder les femmes à la maison, et il était certain que nous serions capables d'aller jusqu'au bout. Il avait raison.

– Nous devons suivre son exemple, *kochanie*, et enseigner à nos filles que rien n'est impossible.

FIN

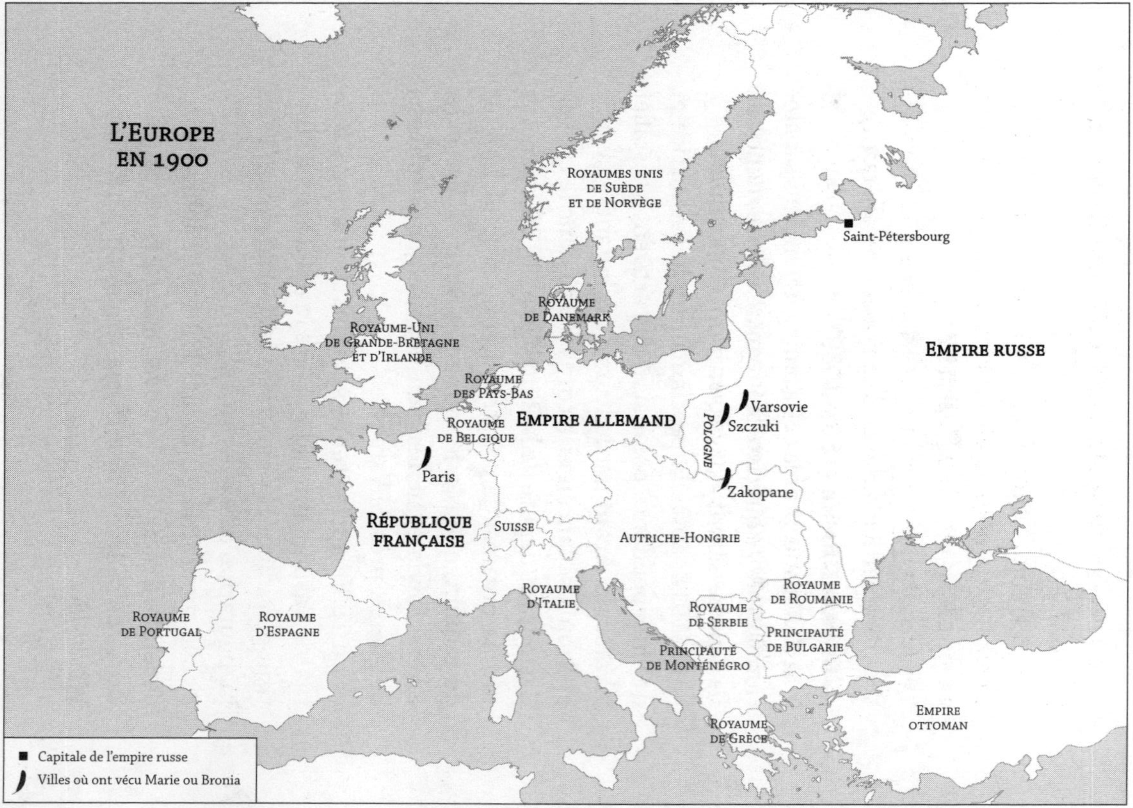
L'Europe en 1900
Royaumes unis de Suède et de Norvège
Saint-Pétersbourg
Royaume de Danemark
Royaume-Uni de Grande-Bretagne et d'Irlande
Empire russe
Royaume des Pays-Bas
Varsovie
Royaume de Belgique
Empire allemand
Szczuki
Pologne
Paris
Zakopane
République française
Suisse
Autriche-Hongrie
Royaume de Roumanie
Royaume d'Italie
Royaume de Portugal
Royaume d'Espagne
Royaume de Serbie
Principauté de Bulgarie
Principauté de Monténégro
Empire ottoman
Royaume de Grèce
Capitale de l'empire russe
Villes où ont vécu Marie ou Bronia

Et après ?

Bronia Dluska (1865-1939)

À Zakopane, Bronia et Casimir gérèrent leur sanatorium jusqu'à ce qu'éclate la Première Guerre mondiale. Ils s'empressèrent alors d'ouvrir un hôpital militaire.

En 1918, après la proclamation de l'armistice et de l'indépendance polonaise, ils partirent s'installer à Varsovie. Ayant perdu leurs deux enfants, Casimir et Bronia se lancèrent à corps perdu dans le travail. Casimir fut député de la République de Zakopane, et Bronia organisa la construction du second Institut du radium, que Marie souhaitait ouvrir à Varsovie. Bronia fonda également un hospice pour orphelins de guerre, près de Varsovie.

En 1930, après trente-neuf ans de mariage, Bronia vit Casimir s'éteindre. Elle s'installa alors à l'Institut du radium et y supervisa les travaux jusqu'à son inauguration officielle, en 1932.

Elle mourut le 15 avril 1939 et fut inhumée au cimetière Powazki, à Varsovie, aux côtés de sa sœur Zosia, de sa mère, Bronislawa, et de son père, le bon Wladyslaw.

Helena Dluska (1892-1921) devint alpiniste. Elle escalada des pics de plus de 2 300 mètres, ce qu'aucune femme n'avait tenté auparavant. Mais à dix-sept ans, elle fut victime d'un terrible accident de montagne dont elle ne se remit jamais, et se suicida à l'âge de trente ans. En sa mémoire, Bronia et Casimir ouvrirent un hospice pour enfants, le centre Helenow.

Georges Dluski (1898-1903) mourut à l'âge de cinq ans d'une méningite foudroyante. Il fut enterré dans le cimetière de Zakopane.

Marie Curie (1867-1934)

En 1906, Marie perdit son mari, qui mourut accidentellement en glissant sous un fiacre. Anéantie, elle se réfugia dans le travail. Elle devint notamment la première femme professeure de la Sorbonne, grâce à Bronia, qui convainquit l'Université qu'il revenait à sa sœur de reprendre le cours de Pierre. Peu après, elle fut nommée codirectrice de l'Institut du radium à Paris, centre consacré à la recherche sur la radioactivité et ses applications thérapeutiques, telles que le traitement du cancer. En 1911, elle obtint le prix Nobel de chimie, devenant ainsi l'unique lauréate à obtenir deux Nobel dans des disciplines scientifiques distinctes.

Lorsque la Première Guerre mondiale éclata, Marie Curie conçut les « petites Curies », des voitures équipées d'unités de radiologie. Grâce à elles, on put prendre des radiographies des blessés directement sur le front et localiser plus aisément les éclats d'obus et les balles, ce qui facilita les opérations chirurgicales.

Après la guerre, Marie Curie reprit son travail de recherche. Elle mourut en 1934.

En 1995, l'État français décida de rendre hommage à Pierre et à Marie Curie et fit conduire leurs cendres au Panthéon, dans le Quartier latin, où la jeune chimiste et le savant solitaire étaient tombés amoureux un siècle plus tôt.

Irène Curie (1897-1956) suivit les traces de ses parents. En 1917, elle assista sa mère sur le front, où elle fêta ses dix-huit ans. Elle épousa un scientifique, Frédéric Joliot, avec qui elle mit au point la radioactivité artificielle, découverte qui leur valut le prix Nobel de chimie en 1935. L'année suivante, Irène fut l'une des premières femmes nommées dans un gouvernement français, celui du Front populaire. Elle y occupa la fonction de sous-secrétaire d'État à la Recherche scientifique. En 1956, elle mourut d'une leucémie.

Ève Curie (1904-2007)

Écrivaine et diplomate, elle s'opposa au régime de Vichy pendant la Seconde Guerre mondiale. Son mari, Henry Labouisse, était le directeur exécutif de l'Unicef.

Casimir Zorawski (1866-1953) ne reprit jamais l'exploitation de betteraves de ses parents, à Szczuki : il devint l'un des plus grands mathématiciens de Pologne et épousa une pianiste renommée. Parfois, il venait s'asseoir dans le jardin de l'Institut du radium de Varsovie, et contemplait en silence la statue de Marie Curie, son premier amour.